NEJLEPŠÍ SEMENO KUCHAŘKA

100 receptů obsahujících dýňová semínka, slunečnicová semínka a další

Milena Hrabalová

Materiál chráněný autorským právem ©2024

Všechna práva vyhrazena

Žádná část této knihy nesmí být použita nebo přenášena v jakékoli formě nebo jakýmikoli prostředky bez řádného písemného souhlasu vydavatele a vlastníka autorských práv, s výjimkou krátkých citací použitých v recenzi . Tato kniha by neměla být považována za náhradu lékařských, právních nebo jiných odborných rad.

OBSAH

OBSAH **3**
ÚVOD **6**
DÝŇOVÁ SEMÍNKA **7**
   1. Asijské Pumpkin Semena 8
   2. Ohnivá dýňová semínka 10
   3. Čokoládové Goji Banana Pops 12
   4. Cuketa s dýňovým pestem 14
   5. Salát s pečeným lilkem 16
   6. Směs na podzimní sklizeň 18
   7. Halloweenský svačinový mix 20
   8. Popcorn Berry Trail Mix 22
   9. Ashwagandha Trail Mix 24
  10. Skořicový cukr Tostada Sundaes 26
  11. Syrové Parfait s Mlékem Spirulina 29
  12. Brusinkové pomerančové lněné muffiny 31
  13. Super robustní granola kořeněná chai 33
  14. Tvarohové misky na dýňový koláč 35
  15. Snídaně Sladké Brambory s Ibiškovým čajovým Jogurtem 37
  16. Kokosová quinoa snídaňové misky 39
  17. Pumpkin Lamington 41
  18. Jahodový špenátový salát s dresinkem Margarita 44
SLUNEČNICOVÁ SEMÍNKA **46**
  19. Směs letního pikniku 47
  20. Grilovací Munch Mix 49
  21. Směs sušeného ovoce a ořechů 51
  22. Celozrnné bagety ze slunečnicových semínek 53
  23. řepa s Pomerančovou Gremolata 55
  24. Brokolicový salát Microgreens s Avokádo 57
  25. Ashwagandha kešu tyčinky 59
  26. Amaretto tvarohové koláče 62
SEZAMOVÁ SEMÍNKA **64**
  27. Salát z pekingských mořských řas 65
  28. Jablečný Sendvič s Plody Goji 67
  29. Muffiny Matcha Mochi 69
  30. Sezam a makadamie Měsíční koláčky se sněhovou kůží 71
MELOUNOVÁ SEMÍNKA **74**
  31. Hruškový ořechový salát 75
  32. Hořká čokoláda káva Mooncakes 77
  33. Měsíční koláčky modrého lotosu 79
  34. Bílá káva Mooncake 82
  35. Kahlua Snow Skin Mooncake 85
CHIA SEMÍNKA **88**

36. Sušenky Spirulina 89
37. Butterfly Pea Overnight Oats 91
38. Matcha a Motýlí hrášek Smoothie Bowl 93
39. B motýl Hrášek G laze d Donuts 95
40. Sušenky z brusinek a chia semínek 97
41. Chia pudink z květu černého bezu 99
42. Mísa na smoothie z bezového květu 101
43. Chia džem z černého bezu 103
44. Hibiscus Energy Bites 105
45. Mason Jar Chia pudinky 107
46. Matcha Overnight Oats 109
47. Matcha avokádové smoothie 111
48. Sklenice na hruškový pistáciový parfait 113

LNĚNÁ/LNĚNÁ SEMENA 115

49. Veganské karbanátky pečené v troubě 116
50. Vláknité sušenky 118
51. Lunchbox čokoládové sušenky 120
52. Krekry Fonio a Moringa 122
53. Žádné pečení energetických kousnutí s Nutellou 124
54. Jablko Borůvka Ořech Crisp 126
55. Čistící smoothie z bobulí a mangoldu 128

KARDAMOMOVÁ SEMENA 130

56. Indické Masala Chai Affogato 131
57. Chai zmrzlina 133
58. Čaj s Vločkami mořských řas Kombu 136
59. Pomerančovo-kardamomové máslové koláče s růžovou polevou 138

KONOPNÁ SEMÍNKA 141

60. Masové kuličky z červené řepy 142
61. Blueberry Spirulina Overnight Oats 144
62. Broskvová mísa na smoothie 146
63. Čokoládová Kůra s Goji Berry 148
64. Zelený čaj a zázvor Smoothie 150

MÁK 152

65. Vafle s citronem a mákem 153
66. Carbquik Bialys 155
67. Carbquik citronové muffiny 158

HOŘČIČNÁ SEMÍNKA 160

68. Burekas 161
69. Chutney z rebarbory 164
70. Nakládané ředkvičky 166
71. Hořčice Microgreen Dal Curry 168
72. Hořčice Prosecco 170
73. Proso, Rýže a Granátové Jablko 172
74. Brusinkovo-fíkové chutney 174

FENYKLOVÁ SEMENA 176

- 75. Tres Leches Dort S Semena fenyklu 177
- 76. Pomalu pečená jehněčí plec 181
- 77. Heřmánkový a fenyklový čaj 183

KMÍN 185
- 78. Farmářský vepřový hrnec koláč 186
- 79. Kokosová polévka Supergreens & Spirulina 188
- 80. Němec Bratwurst 190
- 81. Slaný Kmín a žitné Sušenky 192

SEMENA NIGELLA/SEMENA ČERNÉHO KMINU 194
- 82. Lilek Koláč S Kozím Sýrem 195
- 83. Kuřecí koláčky 198
- 84. Tikur Směs koření Azmud (směs černého kmínu) 201
- 85. Zelené Matcha Kuřecí Kari S Limetkou 203

SEMÍNKO PAPAYA 206
- 86. Salsa z papájových semínek 207
- 87. Smoothie se semínky papáji 209
- 88. Dresink ze semínek papáji 211

SMÍŠENÁ SEMENA 213
- 89. Thandai Tres Leches 214
- 90. Nakládané ředkvičky 217
- 91. Dýňové Kari S Pikantní Semínky 219
- 92. Salát Zelí A Granátové Jablko 221
- 93. Salát s mrkví a granátovým jablkem 223
- 94. Čaj Masala koření 225
- 95. Kořeněná chilli cizrna 227
- 96. Brusinky A Sušenky 229
- 97. Godiva a mandlová čokoládová kůra 231
- 98. Misky na squash Goji 233
- 99. Miska jogurtu Superfood 235
- 100. na kiwi papáju 237

ZÁVĚR 239

ÚVOD

Vítejte v „NEJLEPŠÍ SEMENO KUCHAŘKA", kulinářském dobrodružství, které oslavuje rozmanitost a všestrannost semínek. Od dýňových semínek po slunečnicová semínka a nejen to, semena jsou nejen výživnými elektrárnami, ale také dodávají lahodnou chuť, texturu a křupavost široké škále pokrmů. V této kuchařce vám představujeme 100 receptů, které předvádějí neuvěřitelný potenciál semínek a nabízejí kreativní a chutné způsoby, jak je začlenit do vašeho vaření.

Semena jsou víc než jen svačina – jsou kulinářským pokladem, který čeká na objevení. Ať už jimi sypete saláty pro větší křupavost, používáte je jako potah na maso a mořské plody nebo je přidáváte do pečiva a dezertů, semínka přinášejí jedinečný a uspokojivý prvek do každého receptu. V této kolekci vám ukážeme , jak využít dobrotu semínek k vytvoření pokrmů, které jsou výživné a chutné.

Ale „NEJLEPŠÍ SEMENO KUCHAŘKA" je víc než jen sbírka receptů – je to oslava neuvěřitelné rozmanitosti a hojnosti semen nalezených v přírodě. Při procházení stránek této kuchařky objevíte zdravotní přínosy a kulinářské možnosti dýňových semínek, slunečnicových semínek, sezamových semínek, chia semínek a dalších. Ať už jste kuchař, který dbá na zdraví, nebo kulinářský nadšenec, v této kuchařce je něco, co inspiruje a nadchne vaše chuťové buňky.

Takže , ať už chcete přidat výživnou dávku do svých jídel nebo jednoduše prozkoumat nové chutě a textury, nechť je vaším průvodcem „NEJLEPŠÍ SEMENO KUCHAŘKA". Od slaných po sladké, od jednoduchých po sofistikované, v této kolekci je recept na semena pro každý mlsný jazýček a příležitost. Připravte se na lahodnou cestu nádherným světem semínek.

DÝŇOVÁ SEMÍNKA

1. Asijské Pumpkin Semena

SLOŽENÍ:
- 2 šálky syrových, vyloupaných dýňových semínek
- 2 lžíce sójové omáčky
- 1 lžička mletého zázvoru
- 2 lžičky Splenda

INSTRUKCE:
a) Předehřejte troubu na 350 °F.
b) V míse smíchejte dýňová semínka, sójovou omáčku, zázvor a Splenda a dobře promíchejte.
c) Rozložte dýňová semínka do mělkého pekáče a opékejte asi 45 minut nebo dokud semínka nevyschnou, během pečení dvakrát nebo třikrát promíchejte.
d) Každý obsahuje 13 gramů sacharidů a 3 gramy vlákniny, celkem tedy 10 gramů využitelných sacharidů a 17 gramů bílkovin.

2.Ohnivá dýňová semínka

SLOŽENÍ:
- 1 lžička sladké papriky
- ½ lžičky mletého kmínu
- 1/4 šálku olivového oleje
- 1 lžička Tabasco omáčky
- 2 šálky vyloupaných dýňových semínek
- Sůl

INSTRUKCE:
a) Předehřejte troubu na 400 °F. V malé misce smíchejte papriku a kmín. Všlehejte olej a Tabasco. Přidejte dýňová semínka a promíchejte, abyste obalili.
b) Semínka rozprostřete na plech a pečte do voňava, asi 5 minut. Vyjměte z trouby, posypte solí podle chuti a před podáváním zcela vychladněte.
c) Ty se nejlépe konzumují v den výroby, ale jakmile je vychladnou, lze je zakrýt a skladovat při pokojové teplotě po dobu 2 až 3 dnů.

3. Čokoládové Goji Banana Pops

SLOŽENÍ:
- 4 středně velké banány oloupané a překrojené příčně na poloviny
- Nanukové tyčinky
- 1 ½ šálku kousků/knoflíčků tmavé čokolády
- ¼ lžičky kokosového oleje

PLEVA
- Opékané müsli a dýňová semínka
- Goji bobule a nakrájené sušené meruňky
- Lyofilizované granátové jablko Arils & kokosové lupínky
- Nasekané pistáciové oříšky a nasekané mandle
- Strouhané mandle a strouhaný kokos
- Oblátky z quinoy

INSTRUKCE:
a) Čokoládové lupínky/knopky s kokosovým olejem vložte do misky vhodné do mikrovlnné trouby a zahřívejte alespoň 15sekundové intervaly na středním výkonu a mezi každou z nich míchejte, dokud se nerozpustí.
b) Použijte hrnek se širokým hrdlem, aby rozpuštěná čokoláda pokryla alespoň ¾ délky banánu, když je namočený v čokoládě.
c) Každou polevu rozprostřete na plochý tác a v polevě dle vlastního výběru zarolujte banán potažený čokoládou. Dejte na samostatný malý tác s voskovým papírem.
d) Opakujte postup pro ostatní polevy a poté je dejte do mrazáku alespoň na 30 minut nebo dokud povlak neztuhne. Podávejte vychlazené.

4.Cuketa S dýňovým pestem

SLOŽENÍ:
DÝŇOVÉ PESTO:
- ½ šálku dýňových semínek
- ⅜ šálek olivového oleje
- 1 lžíce citronové šťávy
- 1 špetka soli
- 1 svazek bazalky

POLEVA:
- 7 černých oliv
- 5 cherry rajčat

INSTRUKCE:
a) V kuchyňském robotu rozdrťte dýňová semínka na jemnou mouku. Přidejte olivový olej, citron a sůl a míchejte, dokud se dobře nespojí. Občas se zastavte, abyste seškrábali po stranách. Přidejte lístky bazalky.
b) Dochutíme ještě olivovým olejem, solí a citronem. Pesto skladujeme v uzavřené sklenici. V lednici vydrží cca týden.
c) Zelenou cuketu zvenku oloupeme škrabkou na brambory. Pokračujte v loupání až k jádru.
d) Cuketu a pesto promícháme a poklademe olivami a cherry rajčátky.

5.Salát s pečeným lilkem

SLOŽENÍ:
- 175 g dýně
- 1 malý lilek, na kostičky
- 1 červená cibule, nakrájená
- 1 červená paprika, nakrájená
- Hrst baby listového špenátu
- 1 lžíce dýňových semínek
- 1 lžička medu
- 1 lžička balzamikového octa

INSTRUKCE:
a) Předehřejte troubu na dřevo. Na kamenné pečicí desce uvnitř namiřte na 952 °F (500 °C).
b) Přidejte olivový olej do litinové pánve.
c) Jakmile je olej horký, sundejte pánev z ohně a přidejte lilek, cibuli, červenou papriku a dýni.
d) Vraťte pánev do trouby na 3–5 minut, nebo dokud zelenina nezměkne a lehce zhnědne.
e) Sundejte pánev z ohně a pokapejte balzamikovým octem a medem.
f) Posypeme dýňovými semínky a podáváme s miskou z baby listového špenátu.

6.Směs na podzimní sklizeň

SLOŽENÍ:
- 6 šálků popcornu
- 1 šálek sušených brusinek
- 1 šálek pražených dýňových semínek
- 1 šálek cukrové kukuřice
- ½ šálku arašídů pražených na medu

INSTRUKCE:
a) Ve velké míse smíchejte všechny ingredience, dokud se dobře nespojí.
b) Ihned podávejte nebo skladujte ve vzduchotěsné nádobě.

7. Halloweenský svačinový mix

SLOŽENÍ:
- 6 šálků popcornu
- 1 šálek cukrové kukuřice
- 1 šálek preclíků v čokoládě
- 1 šálek mini Reese's Pieces
- ½ šálku dýňových semínek

INSTRUKCE:
a) Ve velké míse smíchejte všechny ingredience, dokud se dobře nespojí.
b) Ihned podávejte nebo skladujte ve vzduchotěsné nádobě.

8.Popcorn Berry Trail Mix

SLOŽENÍ:
- 1 šálek popcornu
- ¼ šálku pražených arašídů
- ¼ šálku pražených mandlí
- ¼ šálku dýňových semínek
- ¼ šálku sušených borůvek, bez přidaného cukru
- 2 polévkové lžíce hořké čokoládové lupínky (volitelně)
- špetka skořice (volitelné)
- špetka soli

INSTRUKCE:
a) Všechny ingredience smíchejte dohromady, podle chuti upravte skořici a sůl.
b) Skladujte ve vzduchotěsné nádobě.
c) Ve spíži vydrží až 2 týdny.

9. Ashwagandha Trail Mix

SLOŽENÍ:
- 1 lžíce kokosového oleje
- 1 lžička kmínového prášku
- 1 lžička kardamomového prášku
- 1 šálek zlatých rozinek
- 1 šálek dýňových semínek
- 1 lžíce sezamových semínek
- 1 lžička prášku ashwagandha

INSTRUKCE:

a) V malé pánvi rozehřejte kokosový olej na středně vysokou teplotu. Po zkapalnění oleje přidejte kmín a kardamom. Olej a koření zahřívejte 1 minutu nebo dokud nezvoní. Do pánve přidejte rozinky, dýňová semínka a sezamová semínka a míchejte, aby se rovnoměrně obalily olejem a bylinkami.

b) Občas míchejte 3–5 minut, nebo dokud semena nezačnou hnědnout, poté stáhněte z ohně a vmíchejte ashwagandhu .

c) Přeneste na pečicí papír a rovnoměrně rozetřete, aby vychladl. Pro extra uzemňovací účinek jezte ještě teplé.

10. Skořicový cukr Tostada Sundaes

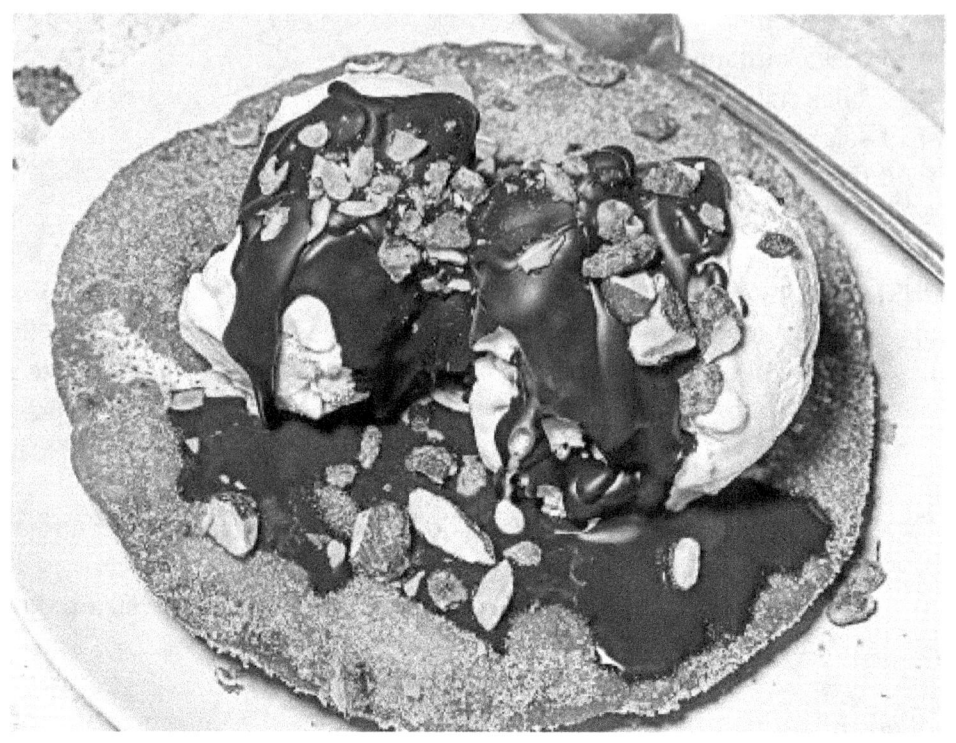

SLOŽENÍ:
NA PIRÁNĚNÝ OŘECHOVÝ CUNCH POLÍV:
- ½ šálku krystalového cukru
- ½ lžičky košer soli
- 1 lžička chilli prášku
- ½ lžičky kajenského pepře
- ½ lžičky skořice
- 1 vaječný bílek
- 1 šálek surových mandlí
- 1 šálek syrových pepitas (dýňová semínka)

PRO TOSTADAS:
- 5 lžic krystalového cukru
- 2 lžičky skořice
- Rostlinný olej na smažení
- 4 moučné nebo kukuřičné tortilly (použili jsme Mi Rancho)

PRO NEDĚLE:
- Vanilková zmrzlina
- Dulce de leche nebo čokoládový fondán
- Šlehačka
- Maraschino třešně

INSTRUKCE:
NA PIRÁNĚNÉ OŘÍŠKOVÉ KRUHÁNÍ:
a) Předehřejte troubu na 300 stupňů F.
b) V malé misce smíchejte cukr, sůl, chilli prášek, kajenský pepř a skořici.
c) Ve střední misce ušlehejte bílek, dokud nezpění, a poté jemně vmíchejte mandle a pepitas, aby se obalily.
d) Směs koření nasypte na ořechy a promíchejte, aby se rovnoměrně obalily.
e) Obalené ořechy přeneste na plech vyložený pečicím papírem a rozložte je do jedné vrstvy.
f) Pečte ořechy, dokud nezhnědnou, v polovině je prohoďte, což by mělo trvat asi 40 až 50 minut.
g) Nechte ořechy úplně vychladnout, poté z nich nahrubo nasekejte ⅓ šálku a dejte je stranou. Budete mít extra kořeněné ořechy, které můžete uložit ve vzduchotěsné nádobě jako svačinu na později.

PRO TOSTADAS:
h) Smíchejte krystalový cukr a skořici v široké, mělké misce.

i) Přidejte dostatek rostlinného oleje do pánve s těžkým dnem (jako je litina), abyste ji zaplnili do jedné třetiny po stranách.
j) Zahřejte olej na středním plameni, dokud se nezačne třpytit a nezačne bublat.
k) Opatrně vkládejte jednu tortillu po druhé do rozpáleného oleje a opékejte každou stranu 50 až 70 sekund, nebo dokud nejsou z obou stran zlatavě hnědé a křupavé.
l) Každou tostadu přemístěte do směsi skořicového cukru a zcela je obalte. Tostadas položte na servírovací talíř ve skořicovém cukru a opakujte se zbývajícími tortillami.

K SESTAVENÍ POHÁRŮ:
m) Skořicovou tostadu potaženou cukrem naplňte kopečkem vanilkové zmrzliny.
n) Pokapejte dulce de leche nebo čokoládovým fondánem.
o) Dokončete přidáním hrsti nasekaných kořeněných ořechových křupavek a jakékoli další polevy, kterou si přejete.

11.Syrové Parfait S Mlékem Spirulina

SLOŽENÍ:
SCHNOUT
- ½ šálku ovsa
- 1 lžíce sušeného jablka
- 1 lžíce aktivovaných mandlí
- 1 polévková lžíce sladkých kakaových zrn
- 1 lžíce meruněk, sušených, jemně nasekaných
- ½ lžičky vanilkového prášku
- 1 lžíce maca prášku

KAPALINA
- 1 hrnek, kešu mléko
- 1 lžička prášku spiruliny
- 2 polévkové lžíce dýňových semínek, mletých

INSTRUKCE:
a) Do zednické nádoby přidejte a navrstvěte oves, jablka, mandle a meruňky a navrch dejte kakaové kousky.
b) Poté vložte kešu mléko, spirulinu a dýňová semínka do mixéru a jednu minutu mixujte na nejvyšší stupeň.
c) Hotové mléko zalijeme suchými přísadami a vychutnáme.

12.Brusinkové pomerančové lněné muffiny

SLOŽENÍ:
- 2 šálky Carbquik
- 2 odměrky Chocolate Designer Protein (volitelné)
- 1 šálek lněné moučky
- 1 šálek tepelně stabilního sladidla (např. ⅔ šálku Splenda, ⅓ šálku xylitolu, 1 balíček Stevia Plus)
- Jello bez cukru
- 2 lžičky prášku do pečiva
- ½ šálku másla nebo tuku
- 1 šálek mléka
- 1 šálek vanilkového sirupu bez cukru
- 2 lžičky vanilkového extraktu
- 4 vejce
- 1 šálek dýňových semínek
- ½ balíčku brusinek

INSTRUKCE:
a) Předehřejte troubu na 350 stupňů Fahrenheita (175 stupňů Celsia).
b) Nastříkejte 24 formiček na muffiny nepřilnavým sprejem na vaření s příchutí másla.
c) V mixovací nádobě smíchejte Carbquik , Chocolate Designer Protein (pokud používáte), lněnou moučku, tepelně stabilní sladidlo (Splenda, xylitol, Stevia Plus), pomerančový Jello bez cukru a prášek do pečiva. Smíchejte je.
d) Přidejte máslo nebo tuk a míchejte, dokud směs mírně nezvlhne .
e) Vmíchejte mléko, sirup bez cukru, vanilkový extrakt a vejce. Míchejte, dokud se dobře nespojí.
f) Jemně vmícháme dýňová semínka a brusinky.
g) Těsto nalijte do připravených formiček na muffiny a rozdělte je do 24 košíčků.
h) Pečte v předehřáté troubě 25–30 minut, nebo dokud nejsou muffiny upečené a párátko zapíchnuté do středu nevyjde čisté.
i) Po dokončení vyjměte muffiny z trouby a nechte je několik minut vychladnout ve formách na muffiny.
j) Muffiny přendejte na mřížku, aby úplně vychladly.
k) Vychutnejte si své domácí Carbquik Cranberry Orange Llan Muffins!

13. Super robustní granola kořeněná chai

SLOŽENÍ:
- ¼ šálku mandlového másla (nebo jakéhokoli ořechového/semínkového másla dle vašeho výběru)
- ¼ šálku javorového sirupu
- 2 lžičky vanilkového extraktu
- 5 lžiček mleté skořice
- 2-3 lžičky mletého zázvoru
- 1 lžička mletého kardamomu
- 1 ½ šálku ovesných vloček (v případě potřeby zajistěte bezlepkové)
- ½ šálku vlašských nebo pekanových ořechů, nahrubo nasekaných
- ¾ šálku neslazených kokosových vloček
- ¼ šálku syrových dýňových semínek (pepitas)

NSTRUKCE:
a) Předehřejte troubu na 325 stupňů F (160 ° C) a vyložte plech standardní velikosti pečicím papírem.
b) Ve střední míse smíchejte mandlové máslo, javorový sirup, vanilkový extrakt, mletou skořici, mletý zázvor a mletý kardamom. Šlehejte, dokud není směs hladká.
c) Do mísy se směsí mandlového másla přidejte ovesné vločky, nasekané vlašské nebo pekanové ořechy, neslazené kokosové vločky a syrová dýňová semínka. Důkladně promíchejte, aby se všechny suché ingredience rovnoměrně obalily .
d) Přeneste směs granoly na připravený plech a rozetřete ji do rovnoměrné vrstvy. Pokud děláte větší dávku, použijte další plechy podle potřeby.
e) Pečeme v předehřáté troubě 20-25 minut. Ke konci buďte opatrní, abyste zabránili popálení. Granola je hotová, když se rozvoní a ztmavne.
f) Poznámka: Pokud dáváte přednost extra tlusté granole, vyhněte se jejímu házení během pečení. Pro křehčí texturu granolu v polovině trochu promíchejte nebo přihoďte, aby se rozbily případné hrudky.
g) Jakmile je granola viditelně hnědá a voňavá, vyjměte ji z trouby. Jemně vmíchejte granolu, aby uniklo přebytečné teplo. Nechte úplně vychladnout na plechu nebo v tepelně bezpečné míse.
h) Uchovávejte svou super tlustou granolu kořeněnou chai v uzavřené nádobě při pokojové teplotě po dobu až 1 měsíce nebo v mrazáku po dobu až 3 měsíců.
i) Vychutnejte si granolu samotnou, s mlékem, jogurtem nebo posypanou ovesnou kaší pro lahodnou snídani nebo svačinu!

14. Tvarohové misky na dýňový koláč

SLOŽENÍ:
- 4 unce smetanového sýra, změkčeného
- 1 šálek obyčejného řeckého jogurtu a další na polevu
- 1 šálek dýňového pyré
- ¼ šálku javorového sirupu
- 1 lžička vanilkového extraktu
- 2 lžičky mleté skořice
- 1 lžička mletého zázvoru
- ½ lžičky mletého muškátového oříšku
- Jemná mořská sůl
- 1 šálek granoly
- Opečená dýňová semínka
- Nakrájené pekanové ořechy
- Granátové jablko arils
- Kakaové hroty

INSTRUKCE:
a) Do mísy kuchyňského robota nebo mixéru přidejte smetanový sýr, jogurt, dýňové pyré, javorový sirup, vanilku, koření a špetku soli a zpracujte do hladka a krému. Přendejte do mísy, přikryjte a nechte v lednici vychladit alespoň 4 hodiny.
b) Pro podávání rozdělte granolu do dezertních misek. Navrch dejte dýňovou směs, kopeček řeckého jogurtu, dýňová semínka, pekanové ořechy, granátové jablko a kakaové kousky.
c) přidejte farro , 1¼ šálku (295 ml) vody a štědrou špetku soli. Přiveďte k varu, poté snižte teplotu na minimum, přikryjte a vařte, dokud farro nezměkne s mírným žvýkáním, asi 30 minut.
d) Smíchejte cukr, zbývající 3 polévkové lžíce (45 ml) vody, vanilkový lusk a semínka a zázvor v malém hrnci na středně vysokém ohni. Přiveďte k varu a šlehejte, dokud se cukr nerozpustí. Sundejte z plotny a louhujte 20 minut. Mezitím si připravte ovoce.
e) Odkrojte konce grapefruitu. Položte na rovnou pracovní plochu řeznou stranou dolů . Ostrým nožem odřízněte kůru a bílou dřeň podle křivky ovoce shora dolů. Prořízněte mezi membránami, abyste odstranili segmenty ovoce. Opakujte stejný postup pro oloupání a segmentaci krvavého pomeranče.
f) Vyjměte a vyhoďte zázvor a vanilkový lusk ze sirupu. Chcete-li podávat, rozdělte farro do misek.
g) Ovoce rozmístěte kolem horní části mísy, posypte granátovým jablkem a pokapejte zázvorovo-vanilkovým sirupem.

15. Snídaně Sladké Brambory S Ibiškovým čajovým Jogurtem

SLOŽENÍ:
- 2 fialové sladké brambory

PRO GRANOLU:
- 2 ½ šálků ovsa
- 2 lžičky sušené kurkumy
- 1 lžička skořice
- 1 polévková lžíce citrusové kůry
- ¼ šálku medu
- ¼ šálku slunečnicového oleje
- ½ šálku dýňových semínek
- špetka soli

NA JOGURT:
- 1 hrnek obyčejného řeckého jogurtu
- 1 lžička javorového sirupu
- 1 ibiškový čajový sáček
- jedlé květy, na ozdobu

INSTRUKCE:
a) Předehřejte troubu na 425 stupňů a brambory celé propíchejte vidličkou.
b) Brambory zabalte do alobalu a pečte 45 minut až jednu hodinu.
c) Vyjměte z trouby a nechte vychladnout.

PRO GRANOLU:
d) Snižte teplotu trouby na 250 stupňů a plech vyložte pečicím papírem.
e) Smíchejte všechny ingredience na granolu v míse a míchejte, dokud se vše nepokryje medem a olejem.
f) Přendejte na vymazaný plech a rozprostřete co nejrovnoměrněji.
g) Pečte 45 minut, míchejte každých 15 minut, nebo dokud granola nezhnědne.
h) Vyjměte z trouby a nechte vychladnout.

NA JOGURT:
i) Uvařte si ibiškový čaj podle návodu na sáčku a nechte jej vychladnout.
j) Jakmile dosáhnete pokojové teploty, zašlehejte javorový sirup a čaj do jogurtu, dokud nedosáhnete hladké a krémové textury s lehce růžovým odstínem.

K SESTAVENÍ:
k) Brambory nakrájejte na poloviny a navrch dejte granolu, ochucený jogurt a jedlé květy na ozdobu.

16. Kokosová quinoa snídaňové misky

SLOŽENÍ:

- 1 lžíce kokosového oleje
- 1½ šálku červené nebo černé quinoa, opláchnuté
- Plechovka neslazeného světlého kokosového mléka o objemu 14 uncí a další k podávání
- 4 šálky vody
- Jemná mořská sůl
- lžíce medu, agáve nebo javorového sirupu
- 2 lžičky vanilkového extraktu
- Kokosový jogurt
- Borůvky
- Goji bobule
- Opečená dýňová semínka
- Opékané neslazené kokosové vločky

INSTRUKCE:

a) V hrnci na středním plameni rozehřejte olej. Přidejte quinou a opékejte asi 2 minuty za častého míchání. Pomalu vmíchejte plechovku kokosového mléka, vodu a špetku soli. Quinoa bude zpočátku bublat a vystřikovat, ale rychle se usadí.

b) Přiveďte k varu, poté přikryjte, snižte plamen na minimum a vařte, dokud nedosáhne jemné, krémové konzistence, asi 20 minut. Sundejte z plotny a vmíchejte med, agáve, javorový sirup a vanilku.

c) Pro podávání rozdělte quinou do misek. Doplňte extra kokosovým mlékem, kokosovým jogurtem, borůvkami, goji, dýňovými semínky a kokosovými vločkami.

17. Pumpkin Lamington

SLOŽENÍ:
DÝŇOVÁ HOUBA:
- 2 hrnky univerzální mouky
- 2 lžičky prášku do pečiva
- 1 lžička mleté skořice
- ½ lžičky mletého zázvoru
- ½ lžičky mletého muškátového oříšku
- ¼ lžičky mletého nového koření
- ¼ lžičky mletého kardamomu
- 1 ½ šálku krystalového cukru
- 1½ šálku konzervovaného dýňového pyré
- ½ šálku rostlinného oleje neutrální chuti (řepkový nebo slunečnicový)
- 4 žloutky (pokojové teploty)
- 4 bílky (pokojové teploty)

PLNICÍ:
- 1 šálek smetanového sýra (pokojové teploty)
- 2 lžíce smetany ke šlehání
- 2 lžíce moučkového cukru

POVLAK:
- ⅔ šálku konzervovaného dýňového pyré
- ¼ šálku smetany ke šlehání
- ½ lžičky mletého muškátového oříšku
- ½ lžičky mleté skořice
- 1 lžička jemné soli
- 1 ½ šálku nasekané bílé čokolády na polevu
- 1 ½ šálku mletých dýňových semínek
- ¾ šálku neslazeného strouhaného kokosu

INSTRUKCE:
DÝŇOVÁ HOUBA:
a) Předehřejte troubu na 325 ° F a umístěte stojan do středu. Dortovou formu 9" x 13" vyložte pečicím papírem na dně a po stranách.
b) Do středně velké mísy prosejeme mouku, prášek do pečiva a koření.
c) V jiné míse prošlehejte cukr, dýňové pyré, olej a žloutky. Stěrkou vmíchejte prosátou moučnou směs, dokud se nespojí. Vyvarujte se přemísení.
d) V čisté míse stojanového mixéru nebo pomocí ručního elektrického mixéru ušlehejte bílky na vysokou rychlost, dokud se nevytvoří měkké vrcholky, asi 4–5 minut.

e) Jemně vmíchejte jednu třetinu ušlehaných bílků do mokré směsi mouky, dokud se dobře nespojí. Poté lehce vmíchejte zbývající pusinky.
f) Těsto nalijte do připravené formy a pečte 30–40 minut, přičemž v polovině pečení plech otáčejte. Dort je hotový, když dortový tester vložený do středu vyjde čistý. Před plněním necháme vychladnout.

PLNICÍ:
g) Smíchejte všechny přísady na náplň ručně ve střední misce, dokud se dobře nespojí.

POVLAK:
h) V malém hrnci smíchejte dýňové pyré, smetanu, koření a sůl. Vařte na středním plameni za stálého míchání, dokud se nerozvaří.
i) Bílou čokoládu dejte do žáruvzdorné misky. Horkou dýňovou směs nalijte na čokoládu. Nechte 1-2 minuty odležet a poté míchejte, dokud ganache není hladká.
j) V samostatné misce smíchejte mletá dýňová semínka a strouhaný kokos.

SHROMÁŽDĚNÍ:
k) Vychladlý koláč rozkrojte vodorovně na poloviny. Na jednu polovinu rovnoměrně rozetřeme tvarohovou náplň a navrch položíme druhou polovinu, aby vznikl sendvič. Dort zmrazte asi na 20 minut, aby zpevnil.
l) Jakmile je pevný, v případě potřeby odřízněte okraje a nakrájejte dort na čtverce o velikosti 1,5".
m) Potřete teplou ganache na každý čtverec koláče a poté je obalte ve směsi dýňových semínek a kokosu.
n) Složené koláče skladujte v lednici až 2 dny nebo zmrazte až týden. Užijte si své Pumpkin Lamingtons!

18. Jahodový špenátový salát s dresinkem Margarita

SLOŽENÍ:
NA DRESEK:
- 3 polévkové lžíce limetkové šťávy
- 1- ½ polévkové lžíce agávového nektaru
- ½-1 polévková lžíce tequily
- ¼ šálku extra panenského olivového oleje
- Špetka mořské soli

NA SALÁT:
- 4-6 vrchovatého baby špenátu
- 1 šálek nakrájených jahod
- 1 šálek nakrájeného manga
- 1 avokádo, nakrájené na kostičky
- ¼ Červená cibule, nakrájená
- 3-4 polévkové lžíce pražených dýňových semínek

INSTRUKCE:
NA DRESEK:
a) Do zednické nádoby přidejte přísady na dresink. Pevně uzavřete víko a pořádně protřepejte. Ochutnejte a upravte koření podle chuti. V případě potřeby přidejte více limetkové šťávy nebo agáve.

NA SALÁT:
b) Do misky nebo servírovacího talíře dejte baby špenát. Špenát položte na kostičky nakrájenými jahodami, mangem, avokádem, červenou cibulí a dýňovými semínky.
c) Ihned podávejte s dresinkem.

SLUNEČNICOVÁ SEMÍNKA

19. Směs letního pikniku

SLOŽENÍ:
- 6 šálků popcornu
- 1 šálek sušených třešní
- 1 šálek preclíků v bílé čokoládě
- 1 šálek slunečnicových semínek
- ½ šálku kousků grahamového sušenky

INSTRUKCE:
a) Ve velké míse smíchejte všechny ingredience, dokud se dobře nespojí.
b) Ihned podávejte nebo skladujte ve vzduchotěsné nádobě.

20. Grilovací Munch Mix

SLOŽENÍ:

- ½ šálku kukuřičných zrn
- 1 šálek Cheerios
- 1 šálek strouhané pšenice velikosti lžíce
- 1 šálek Corn Chex nebo kukuřičných otrub
- 1 šálek preclíků
- ½ šálku nasucho grilovaných arašídů
- ½ šálku slunečnicových semínek
- 1 lžíce másla nebo margarínu
- 1 lžička mletého chilli
- 1 lžička papriky
- 1 lžička mletého oregana
- 1 šálek sezamových tyčinek
- 1 lžíce worcesterské omáčky
- 1 lžička Tabasco omáčky

INSTRUKCE:

a) Předehřejte gril na 350 stupňů.
b) Ve velké míse smíchejte cereálie, preclíky, mandle a semínka.
c) V malé misce smíchejte máslo, worcester, chilli prášek, oregano, papriku a tabasco.
d) Omáčku důkladně vmícháme do cereální směsi.
e) Rozložte na pánev a vařte 15 minut, dvakrát promíchejte. Necháme vychladnout.
f) Smíchejte s kukuřičnými zrny a sezamovými tyčinkami a podávejte.

21. Směs sušeného ovoce a ořechů

SLOŽENÍ:
- ½ šálku neslazeného strouhaného kokosu
- ½ šálku nesolených pražených kešu oříšků
- ½ šálku nakrájených blanšírovaných mandlí
- ½ šálku veganských polosladkých čokoládových lupínků
- ½ šálku slazených sušených brusinek
- 1/3 šálku nakrájeného sušeného ananasu
- 1/4 šálku nesolených pražených slunečnicových semínek

INSTRUKCE:
a) V malé pánvi opékejte kokos na středním plameni a míchejte, dokud lehce nezhnědne, 2 až 3 minuty. Dejte stranou vychladnout.
b) Ve velké misce smíchejte kešu oříšky, mandle, čokoládové lupínky, brusinky, ananas a slunečnicová semínka. Vmícháme pražený kokos.
c) Před podáváním zcela vychladnout. To je nejlepší, když se podává ve stejný den, kdy je vyrobeno .

22. Celozrnné bagety ze slunečnicových semínek

SLOŽENÍ:
- 3 hrnky celozrnné mouky
- 1 lžíce aktivního suchého droždí
- 2 lžíce medu
- 1 lžička soli
- 1 ¼ šálku teplé vody
- ½ šálku slunečnicových semínek

INSTRUKCE:
a) Ve velké míse smíchejte mouku, droždí, med, sůl a slunečnicová semínka.
b) K suchým surovinám pomalu přidávejte teplou vodu a míchejte, dokud nevznikne těsto.
c) Těsto hněteme 10 minut, dokud nebude hladké a elastické.
d) Těsto rozdělte na 8 stejných dílů a z každého vytvarujte kouli.
e) Kuličky těsta přikryjte vlhkou utěrkou a nechte 10 minut odpočívat.
f) Předehřejte troubu na 425 °F (218 °C).
g) Přiveďte k varu hrnec s vodou a snižte plamen na mírný plamen.
h) Prstem propíchněte do středu každé koule těsta díru a těsto roztáhněte do tvaru bagelu.
i) Bagely vařte 1–2 minuty z každé strany.
j) Bagely položte na plech vyložený pečicím papírem a pečte 20–25 minut nebo do zlatova.

23. řepa S Pomerančovou Gremolata

SLOŽENÍ:

- 3 zlaté řepy, nakrájené
- 2 lžíce limetkové šťávy
- 1 lžička pomerančové kůry
- 2 lžíce slunečnicového semínka
- 1 lžíce nasekané petrželky
- 3 lžíce kozího sýra
- 1 polévková lžíce mletého věku
- 2 lžíce pomerančové šťávy
- 1 stroužek česneku, nasekaný

INSTRUKCE:

a) Předehřejte horkovzdušnou fritézu na 400. Složte odolnou fólii kolem řepy a umístěte ji na tác do koše vzduchové fritézy.

b) Vaříme do měkka, 50 minut. Řepu oloupejte, půlte a nakrájejte na plátky; umístit do misky.

c) Přidejte limetkovou šťávu, pomerančovou šťávu a sůl.

d) Posypte petrželkou, šalvějí, česnekem a pomerančovou kůrou a nakonec kozím sýrem a slunečnicovými jádry.

24. Brokolicový salát Microgreens S Avokádo

SLOŽENÍ:
- 1 šálek brokolice microgreens
- 1 polévková lžíce solených slunečnicových semínek
- ¼ avokáda, nakrájené na kousky
- 2 polévkové lžíce domácí vinaigrette
- 2 polévkové lžíce citronového hummusu
- ½ šálku kimského zelí

INSTRUKCE:
a) dejte microgreens s kimzelem , plátky avokáda a slunečnicovými semínky.
b) Promícháme s hummusem a dresinkem a dochutíme čerstvě namletým pepřem.

25. Ashwagandha kešu tyčinky

SLOŽENÍ:
KŮRA
- ¾ šálku strouhaného kokosu
- 1 ¾ šálku aktivovaných slunečnicových semínek, namočených
- ⅓ šálku datlí Medjool bez pecek
- 1 lžička cejlonské skořice
- ½ lžičky mořské soli
- 2 lžíce za studena lisovaného kokosového oleje

PLNICÍ
- 2 šálky syrových kešu ořechů namočených přes noc
- 1 hrnek strouhaného kokosu
- 1 šálek kokosového kefíru
- ⅓ šálku javorového sirupu, podle chuti
- ¼ lžičky vanilkového lusku
- 2 lžíce čerstvé citronové šťávy
- 1 lžička citronové kůry
- 2 polévkové lžíce prášku Ashwagandha
- ½ lžičky mořské soli
- ½ lžičky kurkumového prášku
- ¼ lžičky černého pepře
- ¼ šálku kokosového oleje

INSTRUKCE:
KŮRA
a) V hrnci rozpusťte všechen kokosový olej.
b) Smíchejte strouhaný kokos, slunečnicová semínka, datle Medjool, skořici a mořskou sůl v kuchyňském robotu. Směs pulsujte, dokud nevytvoří jemnou drobenku.
c) Pomalu pokapejte 2 lžícemi rozehřátého kokosového oleje. Ingredience znovu zpulsujte.
d) Nalijte směs kůry do vyložené formy na brownie a pevně a rovnoměrně přitlačte, aby se vytvořila kůra.
e) Umístěte jej do mrazáku.

PLNICÍ
f) V kuchyňském robotu smíchejte kešu ořechy, strouhaný kokos, kefír, javorový sirup, vanilkový lusk, citronovou šťávu, citronovou

kůru, Ashwagandha prášek, mořskou sůl, kurkumu a černý pepř, dokud se nevytvoří jemná drobenka.
g) Pomalu vmíchejte rozpuštěný kokosový olej/máslo.
h) Stěrkou rozetřeme zlatavou mléčnou náplň přes kůrku a rovnoměrně rozetřeme.
i) Formu dejte přes noc do lednice, aby ztuhla.
j) Až budete připraveni k podávání, vyjměte pokrm z lednice/mrazáku.
k) Umístěte blok na velké prkénko a v případě potřeby rozmrazujte 10 až 15 minut.
l) Nakrájejte ho rovnoměrně na 16 čtverců.
m) Ihned podávejte s kokosovými lupínky navrchu!

26. Amaretto tvarohové koláče

SLOŽENÍ:
- ⅓ šálku slunečnicových semínek, jemně mletých
- 8 uncí smetanového sýra
- 1 vejce
- ⅓ šálku Neslazeného strouhaného kokosu
- 2 lžíce medu
- 2 lžíce likéru Amaretto

INSTRUKCE:
a) Košíčky dvou formiček na muffiny vyložte papírovými vložkami.
b) Smíchejte slunečnicová semínka a kokos.
c) Do každé vložky vložte 1 čajovou lžičku této směsi.
d) Zatlačte zadní částí lžíce, abyste zakryli dna.
e) Předehřejte troubu na 325 F.
f) K přípravě náplně nakrájejte smetanový sýr na 8 bloků a smíchejte s vejcem, medem a Amarettem v kuchyňském robotu, mixéru nebo misce, dokud nebude hladký a krémový.
g) Do každého košíčku tartaletek dejte lžíci náplně a pečte 15 minut

SEZAMOVÁ SEMÍNKA

27.Salát z pekingských mořských řas

SLOŽENÍ:

- 200 gramů mořských řas, namočených na 24 hodin
- ¼ Okurka rozpůlená, zbavená semínek a nakrájená na plátky
- 8 červených ředkviček nakrájených na plátky
- 75 gramů ředkvičky, nakrájené na tenké plátky
- 1 malá cuketa, nakrájená na tenké plátky
- 50 gramů výhonků hrachu
- 20 gramů růžového zázvoru
- Výběr salátů
- Černá sezamová semínka
- 3 lžíce limetkové šťávy
- 1 lžíce máty, čerstvě nasekané
- 2 lžíce koriandru, nasekaného
- 1 Špetka sušených chilli vloček
- 2 lžíce světlé sojové omáčky
- 2 lžíce cukru
- 6 lžic rostlinného oleje
- 1 malý kořenový zázvor, nastrouhaný

INSTRUKCE:

a) Smíchejte všechny ingredience na zálivku a nechte 20 minut, poté sceďte a dejte stranou.
b) Namočenou řasu se zbytkem ostatních ingrediencí dejte do mísy.
c) Přelijeme přecezenou zálivkou a necháme hodinu marinovat. Do salátu přidejte listy salátu, dochuťte kořením a podávejte.

28.Jablečný Sendvič S Plody Goji

SLOŽENÍ:
TAHINI:
- ½ šálku sezamových semínek
- 1-2 polévkové lžíce oleje dle vlastního výběru
- 1 lžíce sušeného kokosu
- 1 lžíce kokosového oleje

POLEVA:
- 2 lžíce goji bobule

INSTRUKCE:
a) Zjemněte kokosový olej.
b) Rozmixujte sezamová semínka v mixéru, dokud nebudou jemně mletá, přidejte 1 až 2 lžíce oleje a znovu mixujte, dokud nevznikne hladká pasta.
c) Smíchejte sezamovou pastu s kokosovými lupínky a kokosovým olejem.
d) Jablka nakrájejte na plátky a potřete je tahini. Navrch dejte goji bobule.

29. Muffiny Matcha Mochi

SLOŽENÍ:

- 1 tyčinka (½ šálku) nesoleného másla
- 1 ½ šálku plnotučného kokosového mléka (z plechovky)
- 1 plechovka (1 ¼ šálku) slazeného kondenzovaného mléka
- 3 vejce (pokojové teploty)
- 2 lžíce prášku ze zeleného čaje matcha
- 1 libra mochiko (lepkavá rýžová mouka nebo sladká rýžová mouka)
- 1 lžička prášku do pečiva
- ½ šálku mléka (pokojové teploty)
- Špetka soli
- 2 lžíce černých sezamových semínek

INSTRUKCE:

a) Rozpusťte máslo a smíchejte ho s kokosovým mlékem a kondenzovaným mlékem v míse stojanového mixéru.
b) Za stálého šlehání při střední rychlosti přidávejte jedno vejce.
c) Přidejte prášek do pečiva, mouku mochiko a matcha . Pokračujte v míchání.
d) Přidejte mléko a míchejte, dokud není těsto hladké, připomínající těsto na palačinky – ani příliš tekuté, ani příliš husté.
e) Těsto necháme 20 minut odpočinout.
f) Předehřejte troubu na 350 °F (180 °C). Formu na muffiny důkladně vymažeme máslem, moukou (nebo použijeme jednotlivé pečící pečící nástavce) a naplníme těstem. Vyhněte se používání papírových košíčků na muffiny, aby se rozvinula vnější křupavá kůrka; mohou se přilepit na muffiny.
g) Těsto posypte sezamovými semínky.
h) Pečte 45 minut až 1 hodinu dozlatova.
i) Užijte si Matchu Mochi Muffiny před podáváním zahřejte nebo nechte vychladnout!

30. Sezam a makadamie Měsíční koláčky se sněhovou kůží

SLOŽENÍ:
SNĚHOVÁ KŮŽE:
- 40 g (⅓ šálku) lepkavé rýžové mouky
- 40 g (⅓ šálku) rýžové mouky
- 20 g (1 ½ polévkové lžíce) kukuřičného škrobu
- 50 g (½ šálku) moučkového cukru
- 130 g (½ šálku + 2 polévkové lžíce) mléka
- 20 g (1 polévková lžíce) slazeného kondenzovaného mléka
- 30 g (2 lžíce) nesoleného másla, rozpuštěného
- Špetka soli
- Přírodní potravinářské barvivo pro sněhovou pokožku: Modrá spirulina prášek, čerstvá řepná šťáva, Matcha prášek

VAŘENÁ LEPKOVÁ MOUKA:
- 40 g (⅓ šálku) lepkavé rýžové mouky

PLNICÍ:
- 160 g (1 ⅓ šálku) pražených bílých sezamových semínek
- 25 g (2 polévkové lžíce) bílého krupicového cukru
- 15 g (1 polévková lžíce) nesoleného másla
- 40 g (2 polévkové lžíce) medu
- Špetka soli
- 20 g (2 polévkové lžíce) vařené lepkavé rýžové mouky
- 80 g (½ šálku) nasekaných pražených makadamových ořechů

INSTRUKCE:
SNĚHOVÁ KŮŽE:
a) Naplňte parní hrnec vodou a přiveďte ji k varu na vysokou teplotu.
b) V míse smícháme lepkavou rýžovou mouku, rýžovou mouku, kukuřičný škrob, moučkový cukr, sůl, mléko, rozpuštěné nesolené máslo a slazené kondenzované mléko do hladka.
c) Těsto propasírujte přes síto a přendejte do parní bezpečné mísy.
d) Sněhové těstíčko vařte v připraveném hrnci na středním plameni 20 minut. Dejte stranou vychladnout.

VAŘENÁ LEPKOVÁ MOUKA:
e) Vařte lepkavou rýžovou mouku na středním plameni do slabě žluté barvy. Dejte stranou vychladnout.

PLNICÍ:

f) Míchejte pražená bílá sezamová semínka, dokud nevznikne tekutá pasta.
g) Přidejte zbývající přísady do náplně (kromě makadamových ořechů) a míchejte, dokud se nespojí.
h) Náplň přendáme do mísy, vmícháme nasekané makadamové ořechy a porcujeme na 25g kuličky. Nechte v lednici vychladit alespoň 3 hodiny.
i) Vychladlou sněhovou kůži hněteme na kousku igelitové fólie, dokud nebude hladká a jednotná.
j) Naporcujte a obarvěte sněhovou kůži potravinářským barvivem. Pevně zabalíme a necháme alespoň 3 hodiny odležet v lednici.

SHROMÁŽDĚNÍ:
k) Pevná sněhová kůra se spojí na 25g porce a vytvoří kouli. Zaprášíme moukou z uvařené lepkavé rýže.
l) Náplň zabalte do zploštělého kousku sněhové kůže, úplně uzavřete a tvarujte s použitím minimálně uvařené lepkavé rýžové mouky.
m) Nevylisovaný měsíček lehce popráším uvařenou lepkavou rýžovou moukou, vytvarujeme dlaněmi a pevně přitlačíme na razítko na měsíčkovou formu. Uvolněním zobrazíte hotový produkt.
n) Před konzumací několik hodin vychlaďte. Užívat si!

MELOUNOVÁ SEMÍNKA

31. Hruškový ořechový salát

SLOŽENÍ:
NA SALÁT:
- 3 šálky zeleného salátu (rukola, hlávkový salát atd.)
- 2 hrušky, nakrájené na plátky
- 1 malá červená cibule, nakrájená na plátky
- 1 šálek vlašských ořechů, nahrubo nasekaných
- ½ šálku melounových semínek

NA SALÁTOVÝ DRESINK:
- 1 lžíce celozrnné hořčice
- 3 lžíce olivového oleje
- 2 lžíce octa
- 2 lžíce medu
- ½ lžičky kajenského pepře
- Sůl podle chuti

INSTRUKCE:
PŘIPRAVTE DRESINKU NA SALÁT:
a) V mixéru smíchejte celozrnnou hořčici, olivový olej, ocet, med, kajenský pepř a sůl.
b) Mixujte asi minutu, dokud dresink nezemulguje a nezmění se na krém.

SLOŽTE SALÁT:
c) Ve velké míse smíchejte zelí salát (například rukolu nebo salát), nakrájené hrušky, nakrájenou červenou cibuli, nasekané vlašské ořechy a semínka melounu.
d) K ingrediencím na salát přidejte 3-4 lžíce připraveného salátového dresinku.
e) Dobře promíchejte, dokud se vše rovnoměrně nepokryje zálivkou.
f) Ořechový salát podávejte ihned, dokud je čerstvý a křupavý.

32. Hořká čokoláda káva Mooncakes

SLOŽENÍ:
- 113 g víceúčelové mouky
- 18 g tmavého kakaového prášku
- 85 g zlatého sirupu
- 25 g kukuřičného oleje
- ½ lžičky alkalické vody

PLNICÍ:
- Pasta z kávového lotosu
- Pražená semínka melounu (12 x 25 g každé)

INSTRUKCE:

PŘIPRAVTE TĚSTO:
a) Smíchejte všechny ingredience a vytvořte těsto.
b) Těsto nechte 30 minut odpočívat a rozdělte ho na 12 porcí.

SHROMÁŽDĚNÍ:
c) Každou část těsta vyrovnejte.
d) Každou porci obalte kolem náplně z kávového lotosu a pražených melounových semínek (každé 25 g).
e) Naplněné těsto vtlačte do formiček na měsíčky a vyklopte na vymazaný plech.

PEČENÍ:
f) Pečeme v předehřáté troubě na 160°C 10 minut.
g) Vyjměte z trouby a nechte 10 minut chladnout.
h) Vložte zpět do trouby a pečte dalších 10-15 minut.
i) Po upečení nechte měsíčky před podáváním úplně vychladnout.

33. Měsíční koláčky modrého lotosu

SLOŽENÍ:
LOTUS MOONCAKE:
- 100 g lepkavé rýžové mouky
- 100 g moučkového cukru
- 2 polévkové lžíce tuku
- 150 ml modrého lotosu nebo pandanové tekutiny
- Extra mouka na válení a do formy na měsíčky

PASTA LOTUSOVÝCH SEMEN:
- 600 g lotosových semínek se slupkou, umytých
- 1 polévková lžíce alkalické vody
- 390 g cukru
- 300 g podzemnicového oleje
- 50 g maltózy
- 60 g melounových semínek opražených do zlatohněda
- Voda (dostatek na pokrytí lotosových semen v květináči)
- 60 g melounových semínek

INSTRUKCE:
PRO LOTUS SEED PASTE:
a) Přiveďte vodu k varu, přidejte alkalickou vodu a lotosová semínka. Vařte 10 min . Vroucí vodu zlikvidujte.

b) Odstraňte kůži z lotosových semen třením pod tekoucí vodou. Odstraňte špičky a stonky.

c) Přidejte tolik vody, aby zakryla lotosová semínka a vařte do měkka. Lotosová semínka rozmixujte v dávkách.

d) Wok potřete na mírném ohni arašídovým olejem a přidejte ¼ hrnku cukru. Za stálého míchání smažte, dokud se cukr nerozpustí a nezezlátne.

e) Přidejte pyré z lotosových semen a zbývající cukr. Míchejte téměř do sucha. Postupně přidávejte olej, míchejte, dokud pasta nezhoustne.

f) Přidejte maltózu a míchejte, dokud pasta neopustí stěny woku. Vychladíme a přidáme opražená melounová semínka.

NA MĚSÍČNÍ KOLÁČKY:
g) Nasypte rýžovou mouku do velké kovové nádoby, udělejte důlek a přidejte moučkový cukr a tuk. Třete, dokud se nespojí.

h) Přidejte modrý lotosový liquid (nebo pandan). Jemně promíchejte, dokud se nespojí ; nepřepracovávat se.
i) Vezměte kuličku pasty z lotosových semínek, protlačte do středu dírku a rychle vložte osolené vejce. Zakryjte pastou z lotosových semen.
j) Měsíční těsto rozválíme na špalek a nakrájíme na stejné kousky. Každý kousek rozválejte.
k) Umístěte kuličku lotosové pasty do středu a otáčejte lotosovou pastou jedním směrem a pečivem druhým, dokud nebude zakrytá.
l) Formu na měsíčky a kouli na měsíčky lehce vysypte moukou a poté vtlačte do formy.
m) Formou jemně poklepejte na tvrdý povrch, dokud nevyjde měsíček.

34.Bílá káva Mooncake

SLOŽENÍ:
PRO PLEŤ:
- 200 g nízkoproteinové mouky
- 25 g (1 balíček) bílé kávové směsi Super 3 v 1
- 160g Zlatý sirup (70g Zlatý sirup + 90g Kukuřičný sirup)
- 42 g řepkového oleje
- 4 ml alkalické vody

PRO NÁPLŇ / VLOŽENÍ:
- 1 kg lotosové pasty z mungo fazolí (koupeno v obchodě)
- 3 lžíce melounových semínek
- Solené vaječné žloutky (volitelné)
- Myčka na vejce (na obalování)

INSTRUKCE:
PŘIPRAVTE TĚSTO:
a) Smíchejte všechny ingredience (A) a vypracujte hladké těsto.
b) Zakryjte potravinářskou fólií a dejte na 2 dny do lednice.

PŘIPRAVTE NÁPLŇ / PASTA:
c) Smíchejte semínka melounu s lotosovou pastou (B), dokud nebude stejnoměrná.
d) Náplň rozdělte na 75-80g porce a tvarujte z nich kulaté kuličky. Dát stranou.
e) Pokud používáte slané žloutky, umístěte jeden do středu každé části lotosové pasty.

SHROMÁŽDĚNÍ:
f) Poprašte pracovní stůl moukou.
g) Vychladlé těsto rozdělte na 35g porce a tvarujte z nich kulaté kuličky.
h) Každou kouli z těsta zploštíme a doprostřed položíme část náplně.
i) Těsto zabalíme přes náplň a vytvarujeme z něj kulatou kouli.
j) Čtvercovou formu na měsíčky 6 cm x 6 cm x 3,5 cm vysypte moukou a zabalené těsto vysypte moukou.
k) Kuličku pevně vtlačte do formy a jemně vyklepněte/vytlačte na plech vyložený nepřilnavou pečicí podložkou nebo pečícím papírem.

PEČENÍ:

l) Před pečením měsíčky lehce postříkejte vodou.
m) Pečeme v předehřáté troubě na 175°C 10 minut.
n) Vyjměte pekáč z trouby a nechte měsíčky 10-15 minut vychladnout.
o) Naneste vaječnou hmotu na horní část každého měsíčku.
p) Měsíčky přendejte zpět do trouby a pečte dalších 13–15 minut dozlatova.
q) Měsíčky skladujte ve vzduchotěsné nádobě minimálně 2 dny, aby před podáváním změkly.

35.Kahlua Snow Skin Mooncake

SLOŽENÍ:
NA SNĚHOVÉ TĚSTO:
- 65 g vařené lepkové mouky
- 17,5 g pšeničného škrobu (smíchejte s jemnou moukou a vařte v páře 3 min. Necháme vychladnout a propasírujeme)
- 17,5 g jemné mouky
- 60 g moučkového cukru
- 25g tuk
- 65 g horké vody (rozpusťte kávové granule)
- 1,5 lžičky kávových granulí (nechejte vychladnout)
- 2 lžičky likéru Kahlua

PLNICÍ:
- 250 g lotosové pasty (koupeno v obchodě)
- Na 50g formu je těsto 25g
- 10g melounových semínek, lehce opražených a náplň je také 25g

INSTRUKCE:
NA SNĚHOVÉ TĚSTO:
a) Smíchejte uvařenou lepkavou mouku, pšeničný škrob a superjemnou mouku.
b) Směs vařte v páře 3 minuty.
c) Nechte vychladnout a prosejte, abyste zajistili hladkou texturu.
d) Kávové granule rozpustíme v horké vodě a necháme vychladnout.

UDĚLEJTE TĚSTO:
e) V míse smíchejte napařenou směs, moučkový cukr, tuk, vychlazenou kávovou směs a likér Kahlua.
f) nevznikne měkké a vláčné těsto.
g) Těsto rozdělte na 25g porce.

K NÁPLNĚ:
h) Vezměte 250 g lotosové pasty z obchodu.
i) Lotosovou pastu rozdělte na 25g porce na 50g formu.

SESTAVTE MĚSÍČNÍ KOLÁČKY:
j) Část těsta vyrovnejte.
k) Doprostřed dejte část lotosové pasty (25 g).
l) Na lotosovou pastu přidejte 10 g mírně opražených melounových semínek.

m) Náplň zabalte do sněhového těsta a ujistěte se, že je řádně utěsněna.
n) Sestavené těsto svineme do koule.
o) Postup opakujte pro zbývající těsto a náplň.
p) Složené měsíčky dejte do lednice vychladit alespoň na 2 hodiny nebo dokud sněhová slupka neztuhne.
q) Po vychladnutí jsou Kahlua Snow Skin Mooncakes připraveny k podávání.

CHIA SEMÍNKA

36.Sušenky Spirulina

SLOŽENÍ:
- 1 lžíce chia semínek
- 100 g veganského másla
- 50 g bílého cukru
- 50 g hnědého cukru
- 1 lžička vanilkového extraktu
- 100 g bezlepkové mouky
- 10 g kukuřičné mouky
- ½ lžičky jedlé sody
- 1,5 lžičky Spirulina Powder
- ¼ lžičky soli
- 50 g bílé čokolády nebo makadamových ořechů

INSTRUKCE:
a) Předehřejte troubu na 200 °C / 350 °F / 160 °C horkovzdušnou.
b) Připravte si chia vejce přidáním dvou a půl polévkové lžíce horké vody do chia semínek, dobře promíchejte a dejte stranou.
c) Rozpusťte máslo v hrnci nebo v mikrovlnné troubě. Přidejte cukr a šlehejte do hladka.
d) Přidejte chia vejce a vanilku do másla a cukru a dobře promíchejte.
e) Do velké mísy prosejeme mouku, kukuřičný škrob, jedlou sodu, spirulinu a sůl a mícháme, dokud se nespojí.
f) Nalijte mokrou směs a dobře promíchejte.
g) Vmíchejte kousky čokolády.
h) Vytvarujte 8 kuliček a dejte je na plech vyložený pečícím papírem. Mezi jednotlivými kuličkami nechte asi 4 cm.
i) Pečte 10 až 12 minut, dokud okraje nezačnou křupat.

37. Butterfly Pea Overnight Oats

SLOŽENÍ:
PŘENOČNÍ OVES
- ¼ šálku ovsa
- 1 šálek Milk of Choice
- 1 lžíce chia semínek
- 1 Proteinový prášek dle výběru
- 3 polévkové lžíce Butterfly Pea Liquid

BOTTERFLY HRACHOVÝ KVĚTOVÝ ČAJ
- 1 lžíce sušených květů motýlího hrášku
- 6 šálků horké vody

INSTRUKCE:
a) Nejprve si uvařte čaj z motýlího hrášku.
b) Jednoduše najděte velký džbán, přidejte do něj sušené květy motýlího hrášku a přidejte horkou vodu.
c) Před použitím nechte čaj louhovat alespoň hodinu. Pokud chcete, můžete do něj přidat sladidlo.
d) Vezměte zednickou nádobu.
e) Do sklenice přidejte všechny ingredience kromě čaje z motýlího hrášku a dobře promíchejte.
f) Nechte minutu až dvě ustát a čaj jednoduše nakapejte do sklenice. Usadí se na dně a poskytne vrstvený efekt.
g) Sklenici dejte přes noc do lednice.
h) Přidejte požadované polevy a užívejte si!

38.Matcha A Motýlí hrášek Smoothie Bowl

SLOŽENÍ:
- 1 šálek špenátu
- 1 mražený banán
- ½ šálku ananasu
- ½ lžičky vysoce kvalitního prášku matcha
- ½ lžičky vanilkového extraktu
- ⅓ šálku neslazeného mandlového mléka

POLEVA
- Máta
- Kiwi
- Borůvky
- Chia semínka
- Sušené květy motýlího hrachu

INSTRUKCE:
a) Všechny ingredience na smoothie vložte do mixéru.
b) Pulzujte, dokud nebude hladká a krémová.
c) Nalijte smoothie do misky.
d) Posypeme polevou a hned sníme.

39.B motýl Hrášek Glazed Donuts

SLOŽENÍ:
KOBLIHA :
- 1 rozmačkaný banán
- 1 šálek neslazené jablečné omáčky
- 1 vejce nebo 1 polévková lžíce chia semínek smíchaná s vodou
- 50 g rozpuštěného kokosového oleje
- 4 lžíce medu nebo agávového nektarového sirupu
- 1 lžíce vanilky
- 1 lžička skořice
- 150 g pohankové mouky
- 1 lžička prášku do pečiva

MOTÝLÍ HRACHOVÁ GLAZA:
- 1/2 šálku kešu ořechů namočených na 4 hodiny
- 1 šálek mandlového mléka
- 40 květů motýlího hrášku
- 1 lžíce agávového nektarového sirupu
- 1 lžíce vanilkové esence

INSTRUKCE:
K VÝROBĚ DONUTŮ:
a) Smíchejte všechny suché ingredience.
b) Všechny mokré ingredience smícháme.
c) Přidejte mokré do suchého a poté přendejte do formiček na koblihy.
d) Pečeme na 160 stupňů 15 minut.

NA VYTVOŘENÍ glazury:
e) Kešu rozmixujte v kuchyňském robotu do hladka.
f) V hrnci zahřejte mandlové mléko a přidejte čaj. Vařte na mírném ohni 10 minut.
g) K rozmixovaným kešu oříškům přidejte modré mandlové mléko, přidejte agávový nektar a vanilkovou esenci a znovu promíchejte, dokud se nespojí.
h) Uchovávejte v chladu, dokud se koblihy neuvaří a nevychladnou.
i) Ozdobte koblihy polevou a květinami navíc!
j) Tyto koblihy jsou veganské a bez lepku a rafinovaného cukru – takže opravdu není třeba se zdržovat: jděte do toho a snězte je všechny!

40.Sušenky z brusinek a chia semínek

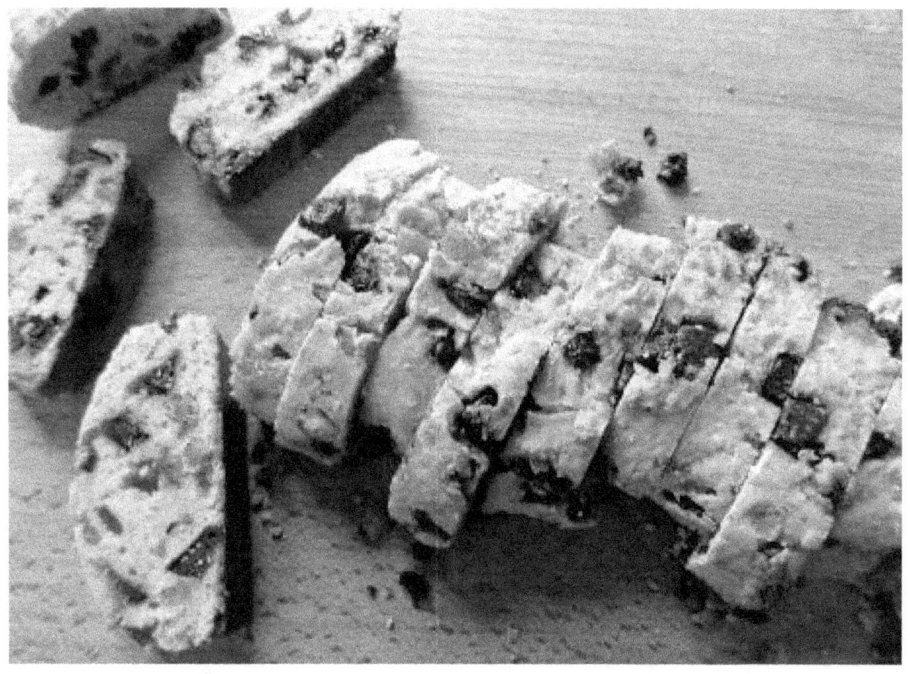

SLOŽENÍ:
- 2 hrnky univerzální mouky
- 1 lžička prášku do pečiva
- ½ lžičky soli
- ½ šálku nesoleného másla, změkčeného
- 1 šálek krystalového cukru
- 2 velká vejce
- 1 lžíce vanilkového extraktu
- ¼ šálku chia semínek
- ¼ šálku sušených brusinek
- ¼ šálku nasekaných mandlí

INSTRUKCE:
a) Předehřejte troubu na 350 °F (175 °C). Velký plech vyložte pečicím papírem.
b) Ve střední míse smíchejte mouku, prášek do pečiva a sůl, dokud se dobře nespojí.
c) V samostatné velké mixovací misce použijte elektrický mixér na smetanu z másla a cukru, dokud nebudou světlé a nadýchané, asi 2–3 minuty.
d) Jedno po druhém zašlehejte vejce a poté vanilkový extrakt.
e) Postupně vmícháme suché ingredience, stěrkou spojujeme, dokud se těsto nespojí.
f) Vmíchejte chia semínka, sušené brusinky a nasekané mandle, dokud nejsou rovnoměrně rozmístěny v těstě.
g) Těsto rozdělte na dvě stejné části a z každé vytvarujte poleno přibližně 12 palců dlouhé a 2 palce široké.
h) Položte polena na připravený plech a pečte 25–30 minut nebo dokud nejsou na dotek pevné.
i) Vyndejte špalky z trouby a nechte je 5–10 minut vychladnout na plechu.
j) Pomocí zoubkovaného nože nakrájejte polena na ½ palce silné plátky a vložte je zpět na plech řeznou stranou dolů.
k) Vraťte biscotti do trouby a pečte dalších 10–15 minut, nebo dokud nebudou křupavé a suché.
l) Před podáváním nechte biscotti úplně vychladnout na mřížce.

41.Chia pudink z květu černého bezu

SLOŽENÍ:
- ¼ šálku chia semínek
- 1 hrnek mléka (mléčného nebo rostlinného)
- 2 lžíce bezového sirupu nebo čajového koncentrátu z bezového květu
- 1 lžíce medu nebo sladidla dle vašeho výběru
- Čerstvé ovoce, ořechy nebo granola na polevu

INSTRUKCE:
a) V dóze nebo nádobě smíchejte chia semínka, mléko, bezový sirup nebo čajový koncentrát a med.
b) Dobře promíchejte, aby se chia semínka spojila a zajistila rovnoměrné rozložení.
c) Sklenici zakryjte a dejte do lednice alespoň na 2 hodiny nebo přes noc, dokud směs nezhoustne a nezmění se na pudink.
d) Během doby chlazení směs jednou nebo dvakrát promíchejte, aby se zabránilo hrudkování.
e) Bezový chia pudink podávejte vychlazený a přelitý čerstvým ovocem, ořechy nebo granolou pro větší texturu a chuť.

42. Mísa na smoothie z bezového květu

SLOŽENÍ:
- 1 mražený banán
- ½ šálku mraženého ovoce (jako jsou jahody, maliny nebo borůvky)
- ¼ šálku čaje z bezového květu (silně uvařený a vychlazený)
- ¼ šálku řeckého jogurtu nebo jogurtu rostlinného původu
- 1 lžička chia semínek
- Polevy: nakrájené ovoce, granola, kokosové vločky, ořechy atd.

INSTRUKCE:
a) V mixéru smíchejte mražený banán, mražené bobule, čaj z bezového květu, řecký jogurt a chia semínka.
b) Mixujte, dokud nebude hladká a krémová. V případě potřeby přidejte další kapku čaje z černého bezu nebo vody, abyste dosáhli požadované konzistence.
c) Nalijte smoothie do misky.
d) Navrch dejte nakrájené ovoce, granolu, kokosové vločky, ořechy nebo jakoukoli jinou polevu, kterou preferujete.
e) Vychutnejte si osvěžující a zářivou smoothie mísu z bezového květu jako výživnou snídani.

43. Chia džem z černého bezu

SLOŽENÍ:
- 2 šálky čerstvého nebo mraženého ovoce (jako jsou jahody, maliny nebo borůvky)
- ¼ šálku sirupu z bezového květu
- 2 lžíce chia semínek
- 1 lžíce medu nebo sladidla dle vašeho výběru (volitelné)

INSTRUKCE:
a) V hrnci smíchejte bobule a bezový sirup nebo čajový koncentrát.
b) Směs přiveďte k mírnému varu na středním plameni, občas promíchejte a bobule rozmačkejte lžící nebo vidličkou.
c) Bobule vařte asi 5–10 minut, nebo dokud se nerozpadnou a nepustí šťávu.
d) Vmíchejte chia semínka a med nebo sladidlo (pokud používáte) a pokračujte ve vaření dalších 5 minut za častého míchání, dokud džem nezhoustne.
e) Hrnec sejmeme z plotny a necháme džem několik minut vychladnout.
f) Bezový chia džem přendejte do sklenice nebo nádoby a chlaďte, dokud nedosáhne roztíratelné konzistence.
g) Bezový chia džem natřete na toasty nebo bagety nebo jej použijte jako polevu na palačinky nebo ovesnou kaši pro ovocnou a květinovou nádech vaší snídaně.

44. Hibiscus Energy Bites

SLOŽENÍ:
- 1 šálek datlí, vypeckovaných
- ½ šálku mandlí
- ¼ šálku ibiškového čajového koncentrátu
- 2 lžíce chia semínek
- 2 lžíce strouhaného kokosu
- Volitelně: kakaový prášek nebo drcené ořechy na obalování

INSTRUKCE:
a) V kuchyňském robotu rozmixujte datle a mandle, dokud nevytvoří lepkavou směs.
b) Do kuchyňského robotu přidejte koncentrát z ibiškového čaje, chia semínka a strouhaný kokos. Znovu promíchejte, dokud se dobře nespojí.
c) Odeberte malé porce směsi a vyválejte z nich kuličky o velikosti sousta.
d) Volitelně: Energetická sousta obalte v kakaovém prášku nebo drcených oříšcích na obalení.
e) Energetická sousta umístěte do vzduchotěsné nádoby a dejte do lednice alespoň na 30 minut, aby ztuhla.

45. Mason Jar Chia pudinky

SLOŽENÍ:
- 1 ¼ šálku 2% mléka
- 1 šálek 2% čistého řeckého jogurtu
- ½ šálku chia semínek
- 2 lžíce medu
- 2 lžíce cukru
- 1 lžíce pomerančové kůry
- 2 lžičky vanilkového extraktu
- ¾ šálku segmentovaných pomerančů
- ¾ šálku segmentovaných mandarinek
- ½ šálku segmentovaného grapefruitu

INSTRUKCE:
a) Ve velké míse prošlehejte mléko, řecký jogurt, chia semínka, med, cukr, pomerančovou kůru, vanilku a sůl, dokud se dobře nespojí.
b) Směs rozdělte rovnoměrně do čtyř (16 uncových) zednických nádob. Nechte v chladu přes noc nebo až 5 dní.
c) Podáváme studené, přelité pomeranči, mandarinkami a grapefruity.

46. Matcha Overnight Oats

SLOŽENÍ:
- ½ šálku staromódního ovsa
- ½ šálku mléka nebo alternativy mléka dle výběru
- ¼ šálku řeckého jogurtu
- 1 lžička matcha prášku
- 2 lžičky chia semínek
- 1 lžička medu
- špetka vanilkového extraktu

INSTRUKCE:
a) Všechny ingredience odměřte do sklenice nebo misky a dobře promíchejte.
b) Dejte do lednice a užijte si další ráno!

47. Matcha avokádové smoothie

SLOŽENÍ:
- ½ avokáda, oloupané a nakrájené na kostičky
- ⅓ okurky
- 2 šálky špenátu
- 1 šálek kokosového mléka
- 1 šálek mandlového mléka
- 1 lžička matcha prášku
- ½ limetkové šťávy
- ½ odměrky vanilkového proteinového prášku
- ½ lžičky chia semínek

INSTRUKCE:
a) Dužinu avokáda rozmixujte s okurkou a zbytkem ingrediencí v mixéru do hladka.
b) Sloužit.

48.Sklenice na hruškový pistáciový parfait

SLOŽENÍ:
HRUŠKOVÝ CHIA PUDDING:
- ¼ šálku hruškového pyré
- ⅓ šálku neslazeného vanilkového nebo obyčejného mandlového mléka
- 3 lžíce chia semínek
- Hruškovo-avokádový pudink:
- 1 zralé avokádo
- 1-2 lžičky medu nebo kokosového nektaru, v závislosti na preferované sladkosti
- 2 lžíce hruškového pyré

ZBÝVAJÍCÍ VRSTVY A OZDOBY:
- ½ šálku vaší oblíbené granoly
- ½ šálku obyčejného kokosového jogurtu nebo vanilkového řeckého jogurtu
- ¼ šálku nakrájené čerstvé hrušky
- 2 lžíce nasekaných pistácií
- 2 lžičky medu nebo kokosového nektaru

INSTRUKCE:
a) Začněte přípravou Hruškového chia pudingu přidáním všech ingrediencí do mísy, mícháním, dokud se dobře nespojí, a poté nechte 15-20 minut uležet v lednici, aby zhoustl.
b) Dále připravte avokádový hruškový pudink přidáním všech ingrediencí do malého kuchyňského robotu nebo baby bullet a pulzujte, dokud nebude směs hladká. Vyzkoušejte chuť a přidejte více medu/kokosového nektaru, pokud dáváte přednost avokádovému pudinku na sladší straně.
c) Jakmile chia pudink zhoustne, ještě jednou promíchejte a jste připraveni vrstvit všechny ingredience.
d) Pomocí dvou sklenic o objemu 8 uncí rozdělte granolu, jogurt, chia pudink a avokádový pudink a vrstvěte je v libovolném uspořádání mezi dvě sklenice.
e) Na závěr každou sklenici přelijte 2 lžícemi nasekané čerstvé hrušky a 1 lžící nasekaných pistácií, poté každou sklenici pokapejte 1 lžičkou medu nebo kokosového nektaru.

LNĚNÁ/LNĚNÁ SEMENA

49.Veganské karbanátky pečené v troubě

SLOŽENÍ:

- 1 lžíce mletých lněných semínek
- ¼ šálku + 3 lžíce zeleninového vývaru
- 1 velká cibule, oloupaná a nakrájená na čtvrtky
- 2 stroužky česneku, oloupané
- 1½ masových kuliček z rostlin
- 1 šálek strouhanky
- ½ šálku veganského parmazánu
- 2 lžíce čerstvé petrželky, nasekané nadrobno
- Sůl a pepř na dochucení
- Olej na vaření ve spreji

INSTRUKCE:

a) Přidejte cibuli a česnek do kuchyňského robotu a míchejte, dokud se nerozpustí.

b) Do velké mixovací mísy přidejte lněné vejce, ¼ šálku zeleninového vývaru, prolisovanou cibuli a česnek, masové karbanátky Impossible, strouhanku, veganský parmazán, petržel a špetku soli a pepře.

c) Dobře promíchejte, aby se spojily.

d) Z veganské masové směsi na 32 kuliček .

e) Na vymazaný plech položte veganské karbanátky a pečte v troubě asi 10 minut nebo do zlatova .

50. Vláknité sušenky

SLOŽENÍ:
- 2 lžíce lněných semínek
- 2 lžíce pšeničných klíčků
- ⅔ šálek Carbquik
- ¼ šálku pšeničné mouky s vysokým obsahem lepku
- 2 lžíce másla, pokojová teplota
- Přibližně 1 šálek vody

INSTRUKCE:
a) Lněná semínka a pšeničné klíčky rozemelte na moučkovou konzistenci pomocí mlýnku na kávu nebo podobného zařízení.
b) V míse smíchejte vidličkou Carbquik a pšeničnou mouku s vysokým obsahem lepku. Přidejte mletá lněná semínka a mouku z pšeničných klíčků a dobře promíchejte.
c) Do suchých ingrediencí nakrájejte máslo pokojové teploty a míchejte, dokud nebude připomínat hrubou strouhanku.
d) Ke směsi postupně přidávejte ¾ horké vody z vodovodu a dobře promíchejte, aby vzniklo těsto. Pokračujte v přidávání malého množství vody podle potřeby, dokud těsto nedosáhne konzistence světlého sušenkového těsta.
e) Namazanýma rukama rozdělte těsto na 10 stejně velkých kuliček, přibližně velikosti vlašského ořechu.
f) Každou kuličku přitiskněte na vymaštěný plech nebo nevymazaný pečicí kámen a vytvořte 4palcová kolečka.
g) Pečte v předehřáté troubě na 175 ºC, dokud okraje sotva začnou hnědnout.
h) Kolečka sušenek ihned vyjměte z trouby az plechu nebo kamene, aby vychladly.
i) Po vychladnutí si vychutnejte domácí sušenky Carbquik Fiber Biscuit Rounds!

51. Lunchbox čokoládové sušenky

SLOŽENÍ:
- ⅓ šálku neslazeného jablečného pyré
- ⅓ šálku mandlového másla
- ½ šálku suchého sladidla
- 1 lžíce mletých lněných semínek
- 2 lžičky čistého vanilkového extraktu
- 1⅓ hrnku ovesné mouky
- ½ lžičky jedlé sody
- ½ lžičky soli
- ¼ šálku čirokové mouky nebo celozrnné mouky
- ½ šálku zrnem slazených čokoládových lupínků

INSTRUKCE:
a) Předehřejte troubu na 350 °F. Dva velké plechy vyložte pečicím papírem nebo pečicí podložkou Silpat.
b) Ve velké mixovací misce použijte silnou vidličku k šlehání jablečného pyré, mandlového másla, suchého sladidla a lněných semínek. Jakmile je poměrně hladká, vmíchejte vanilku.
c) Přidejte ovesnou mouku, jedlou sodu a sůl a dobře promíchejte. Přidejte čirokovou mouku a čokoládové lupínky a dobře promíchejte.
d) nandejte lžíce těsta v naběračkách asi 1½ lžíce, asi 2 palce od sebe. Sušenky trochu zploštíme, aby připomínaly tlusté kotouče (při pečení se vůbec neroztečou) . Pečte 8 až 10 minut. Čím déle je budete péct, tím budou křupavější.
e) Vyjměte sušenky z trouby a nechte je 5 minut vychladnout na plátech, poté je přesuňte na chladicí mřížku, aby zcela vychladly.

52. Krekry Fonio a Moringa

SLOŽENÍ:
PRO CRACKERY:
- 3/4 šálku Fonio Super-Grain, rozmíchané na mouku
- 1 lžička prášku Moringa
- 1 šálek dýňových semínek
- 3/4 šálku slunečnicových semínek
- 1/2 šálku lněného semínka, celá semínka
- 1/2 šálku chia semínek
- 1/3 šálku bezlepkových rychlých ovesných vloček
- 2 lžíce máku
- 1/2 lžičky soli
- 1/2 lžičky pepře
- 1/4 lžičky kurkumového prášku
- 2 lžíce chilli olivového oleje nebo obyčejného olivového oleje
- 1/2 šálku vody

PRO SÝROVKU:
- Ořechy
- Sušené ovoce
- Čerstvé ovoce
- Veganský sýr

INSTRUKCE:
a) Troubu předehřejte na 190°. V míse smícháme všechny suché ingredience.
b) Přidejte olivový olej a vodu a dobře promíchejte, dokud nevznikne těsto.
c) Směs rozdělte na dvě části. Vezměte jednu polovinu a vložte mezi dva kusy pergamenového papíru a vyválejte těsto, cca. tloušťka 2-3 mm.
d) Nakrájejte na požadovaný tvar a přeneste je na plech. Opakujte kroky s druhou polovinou těsta. Pečte 20-25 minut nebo dokud nejsou okraje zlatavě hnědé.
e) Nechte 10 minut vychladnout. Podávejte s výběrem ovoce, ořechů, sýrů a dipů.

53.Žádné pečení energetických kousnutí s Nutellou

SLOŽENÍ:
- 1 šálek staromódního rolovaného ovsa
- ½ šálku křupavých rýžových cereálií nebo strouhaného kokosu
- ½ šálku Nutelly
- ¼ šálku arašídového másla
- ½ šálku mletého lněného semínka
- ⅓ šálku medu
- 1 lžíce kokosového oleje
- 1 lžička vanilky
- ½ šálku čokoládových lupínků

INSTRUKCE:
a) Smíchejte ovesné vločky, křupavé rýžové cereálie, Nutellu, arašídové máslo, mleté lněné semínko, med, vanilku, kokosový olej a mini čokoládové lupínky.

b) Směs nabírejte na malé kuličky asi po 1 lžíci. Umístěte kuličky na kus pečícího papíru.

c) Rukama je smotejte do pevně zabalených kuliček. Vložte do lednice, aby tuhla.

54.Jablko Borůvka Ořech Crisp

SLOŽENÍ:
PLNICÍ:
- 3 velká červená nebo zlatá lahodná jablka, oloupaná a nakrájená na plátky
- 2 polévkové lžíce baleného hnědého cukru
- 2 lžíce celozrnné mouky
- 1 lžička vanilkového extraktu
- ½ lžičky mleté skořice
- ½ pinty borůvek (1 šálek)

KŘIHÁ POLEVA:
- ¾ šálku vlašských ořechů, velmi jemně nasekaných
- ¼ šálku staromódního nebo rychle uvařeného ovsa
- 2 polévkové lžíce baleného hnědého cukru
- 2 lžíce celozrnné mouky
- 2 lžíce mletého lněného semínka
- ½ lžičky mleté skořice
- ⅛ lžičky soli
- 2 lžíce řepkového oleje

INSTRUKCE:
a) Předehřejte troubu na 400 °F.

b) Smíchejte jablka, hnědý cukr, mouku, vanilku a skořici ve velké míse a promíchejte, abyste obalili. Jemně vhoďte borůvky. Umístěte jablečnou směs do zapékací misky 8 x 8 palců a dejte stranou.

c) Chcete-li vytvořit polevu, kombinujte vlašské ořechy, oves, hnědý cukr, celozrnnou mouku, lněné semínko, skořici a sůl ve střední misce.

d) Přidejte řepkový olej a míchejte, dokud se suché ingredience dobře nepokryjí.

e) Polevu rovnoměrně rozetřeme na ovocnou směs.

f) Pečte 40 až 45 minut, nebo dokud ovoce nezměkne a poleva nezezlátne (pokud poleva hnědne příliš rychle, přikryjte alobalem).

55. Čistící smoothie z bobulí a mangoldu

SLOŽENÍ:
- 3 listy mangoldu, stonky odstraněny
- ¼ šálku mražených brusinek
- Voda, 1 šálek
- mleté lněné semínko, 2 polévkové lžíce
- 1 šálek malin
- 2 vypeckované datle Medjool

INSTRUKCE:
a) Vložte všechny komponenty do mixéru a zpracujte, dokud nebudou zcela hladké.

KARDAMOMOVÁ SEMENA

56. Indické Masala Chai Affogato

SLOŽENÍ:
- 1 kopeček masala chai gelato nebo zmrzliny
- 1 panák čaje chai
- drcená semínka kardamomu
- drcené pistácie

INSTRUKCE:
a) Do servírovací sklenice vložte kopeček masala chai gelato nebo zmrzliny.
b) Gelato zalijte panákem čaje chai.
c) Posypeme drcenými semínky kardamomu.
d) Ozdobte drcenými pistáciemi.
e) Ihned podávejte a vychutnejte si teplé a aromatické chutě indického masala chai.

57. Chai zmrzlina

SLOŽENÍ:
- 2 hvězdičky badyánu
- 10 celých hřebíčků
- 10 celého nového koření
- 2 tyčinky skořice
- 10 kuliček celého bílého pepře
- 4 lusky kardamomu, otevřené na semena
- ¼ šálku plného černého čaje (ceylonská nebo anglická snídaně)
- 1 šálek mléka
- 2 šálky husté smetany (rozdělená, 1 šálek a 1 šálek)
- ¾ šálku cukru
- Špetka soli
- 6 žloutků (viz jak oddělit vejce)

INSTRUKCE:
a) Do těžkého hrnce dejte 1 hrnek mléka, 1 hrnek smetany a chai koření – badyán, hřebíček, nové koření, tyčinky skořice, zrnka bílého pepře a lusky kardamomu a špetku soli.
b) Směs zahřejte, dokud se nezapaří (ne vaří) a bude horká na dotek. Snižte teplotu, aby se zahřála, přikryjte a nechte stát 1 hodinu.
c) Směs znovu zahřejte, dokud nebude páře horká (opět ne vroucí), přidejte lístky černého čaje, stáhněte z ohně, vmíchejte čaj a nechte 15 minut louhovat.
d) Pomocí jemného síta sceďte čaj a koření a nalijte směs vyluhované mléčné smetany do samostatné misky.
e) Vraťte směs mléka a smetany do hrnce se silným dnem. Do směsi mléka a smetany přidejte cukr a za míchání zahřívejte, dokud se cukr úplně nerozpustí.
f) Zatímco se čaj v předchozím kroku louhuje, připravte si zbývající 1 šálek smetany na ledové lázni.
g) Nalijte smetanu do středně velké kovové misky a vložte ji do ledové vody (se spoustou ledu) přes větší misku. Na vrch misek nasaďte síto. Dát stranou.
h) Ve středně velké míse ušlehejte žloutky. Ohřátou mléčnou smetanovou směs pomalu přilévejte ke žloutkům za stálého

šlehání, aby se žloutky teplou směsí temperovaly, ale nevařily. Ohřáté žloutky seškrábněte zpět do hrnce.

i) Vraťte kastrol na sporák, směs za stálého míchání na středním plameni vařečkou škrábejte na dno, dokud směs nezhoustne a nepotáhne lžíci, abyste mohli přejet prstem po potahu a potah nestékal. To může trvat asi 10 minut.

j) Jakmile k tomu dojde, směs by měla být okamžitě odstraněna z tepla a přelita přes síto přes ledovou lázeň, aby se vaření v dalším kroku zastavilo.

58.čaj S Vločkami mořských řas Kombu

SLOŽENÍ:
- 1-4 lžičky Kombu vloček nebo prášku
- 1 litr studené vody
- 1-4 čajové lžičky sypaného zeleného čaje
- 2 plátky čerstvého zázvoru nebo kořene galangalu
- 1 lžička skořice
- 2 plátky citronu nebo limetky
- špetka semínek kardamomu

INSTRUKCE:

a) Přidejte zelený čaj, Kombu a příchutě dle vlastního výběru do 1,5-litrové konvičky studené vody.

b) Nechte louhovat, dokud nevznikne dobrá barva. Bude to trvat několik hodin.

c) Pokud chcete horký čaj, zalijte půl hrnku studeného čaje vroucí vodou.

59. Pomerančovo-kardamomové máslové koláče s růžovou polevou

SLOŽENÍ:
NA DOrty
- 2 lžíce plnotučného mléka
- 1 ½ lžičky nastrouhané pomerančové kůry
- ½ lžičky vody z pomerančových květů
- ½ vanilkového lusku, rozpůleného příčně
- ½ šálku nesoleného másla (4 unce), při pokojové teplotě, plus více na vymazání pánve
- 1 šálek univerzální mouky (asi 4 ¼ unce) plus více na pánev
- 1 lžička prášku do pečiva
- ¼ lžičky mletého zeleného kardamomového semínka
- ⅛ lžičky košer soli
- ½ šálku plus 1 polévková lžíce krystalového cukru
- 2 velká vejce, pokojové teploty

NA NÁMRAZU
- 1 ½ šálku moučkového cukru (asi 6 uncí)
- 1 šálek nesoleného másla (8 uncí), změkčeného
- ½ lžičky vody z pomerančových květů
- ½ lžičky vanilkového extraktu
- ⅛ lžičky růžové vody
- ½ šálku malinového džemu bez pecek
- 1 ½ lžičky čerstvé pomerančové šťávy

DOPLŇKOVÁ SLOŽKA
- Sušené okvětní lístky růží, na ozdobu

INSTRUKCE:
Udělejte dorty:
a) Předehřejte troubu na 325 °F. Smíchejte mléko, pomerančovou kůru a vodu z pomerančových květů v malé misce. Vanilkový lusk podélně rozpůlíme a vanilková semínka vyškrábneme do mléčné směsi; promíchejte, aby se spojily. Přidejte lusk z vanilkového lusku do mléčné směsi; dát stranou.

b) Dno a boky 8 jamek standardní formy na muffiny o objemu 12 šálků vymažte máslem. Hojně popráším moukou. Nakloňte tak, aby byly strany zcela zakryty, a přebytek vyklepejte. Dát stranou.

c) Ve středně velké míse smíchejte mouku, prášek do pečiva, kardamom a sůl.
d) Máslo a cukr šlehejte ve velké míse elektrickým šlehačem při střední rychlosti do světlé a nadýchané hmoty, 5 až 7 minut. Přidejte vejce do máslové směsi, 1 po druhém, šlehejte na střední rychlost, dokud se nespojí.
e) S mixérem běžícím na nízké otáčky postupně přidávejte moučnou směs do máslové směsi ve 3 přídavcích, střídavě s mléčnou směsí. Šlehejte, dokud není těsto hladké, asi 2 minuty.
f) Těsto rovnoměrně rozdělte do 8 připravených jamek formy na muffiny; hladké vrcholy s odsazenou špachtlí.
g) Pečte, dokud dřevěné trsátko vložené do středu koláče nevyjde čisté, 18 až 20 minut. Necháme 10 minut vychladnout na pánvi. Odstraňte z pánve; necháme úplně vychladnout na mřížce, asi 20 minut.
h) Pomocí zoubkovaného nože odstraňte a zlikvidujte vyklenuté vršky z koláčů. Obraťte koláče řezem dolů na prkénko. Koláče rozpůlte příčně a pro každý vytvořte 2 vrstvy.

UDĚLEJTE POLOVU:
i) Moučkový cukr a máslo šlehejte ve střední míse elektrickým šlehačem na středně vysokou rychlost do světlé a nadýchané hmoty, asi 5 minut.
j) Přidejte vodu z pomerančových květů, vanilkový extrakt a růžovou vodu; šlehejte, dokud se nespojí.
k) V malé misce smíchejte malinový džem a pomerančový džus, dokud nebude hladká.

K SESTAVENÍ DORTŮ:
l) Na spodní vrstvu 1 dortu rozetřete 2 lžičky polevy. Navrch dejte 1 lžičku džemové směsi a na džem položte vrchní koláčovou vrstvu.
m) Na vnější stranu dortu rozetřete tenkou vrstvu polevy; na dort potřeme 2 lžičky polevy.
n) Navrch posypte 1 lžičkou džemové směsi a přebytek nechte lehce odkapat po stranách.
o) Opakujte se zbývajícími koláči. Ozdobte sušenými plátky růží.

KONOPNÁ SEMÍNKA

60.Masové kuličky z červené řepy

SLOŽENÍ:
- 15 uncí světle červených ledvinových fazolí může
- 2 ½ polévkové lžíce extra panenského olivového oleje
- 2 ½ unce Cremini houby
- 1 červená cibule
- ½ šálku vařené hnědé rýže
- ¾ šálku řepy Raw
- 1/3 šálku konopných semínek
- 1 lžička mletého černého pepře
- ½ lžičky mořské soli
- ½ čajové lžičky mletého koriandru
- 1 veganská vaječná náhražka

INSTRUKCE:
a) Předehřejte troubu na 375 °F. Fazole dobře rozmačkejte v míse a dejte stranou.
b) Zahřejte olej na nepřilnavé pánvi na středním ohni.
c) Přidejte houby a cibuli a restujte do změknutí, asi 8 minut.
d) Zeleninovou směs přendejte do mixovací nádoby s fazolemi.
e) Vmíchejte rýži, řepu, konopná semínka, pepř, sůl a koriandr, dokud se nespojí.
f) Přidejte veganskou vaječnou náhražku a míchejte, dokud se dobře nespojí.
g) Ze směsi utvořte čtyři kuličky a dejte na nebělený plech vyložený pečicím papírem.
h) Vršek masových kuliček lehce potřete konečky prstů ½ lžíce oleje.
i) Pečte 1 hodinu. Velmi jemně každou masovou kuličku otočte a pečte, dokud nebude křupavá, pevná a hnědá, ještě asi 20 minut.

61. Blueberry Spirulina Overnight Oats

SLOŽENÍ:
- ½ šálku ovsa
- 1 lžíce strouhaného kokosu
- ⅛ lžičky skořice
- ½ lžičky spiruliny
- ½ šálku rostlinného mléka
- 1 ½ polévkové lžíce rostlinného jogurtu
- ¼ šálku mražených borůvek
- 1 lžička konopných semínek
- 1 kiwi, nakrájené na plátky

INSTRUKCE:
a) Do sklenice nebo misky přidejte oves, strouhaný kokos, skořici a spirulinu. Poté přidejte rostlinné mléko a kokosový nebo přírodní jogurt.
b) Navrch přidejte mražené borůvky a kiwi. Dejte do lednice přes noc nebo alespoň na hodinu či déle.
c) Před podáváním v případě potřeby přidejte konopná semínka. Užívat si!

62.Broskvová mísa na smoothie

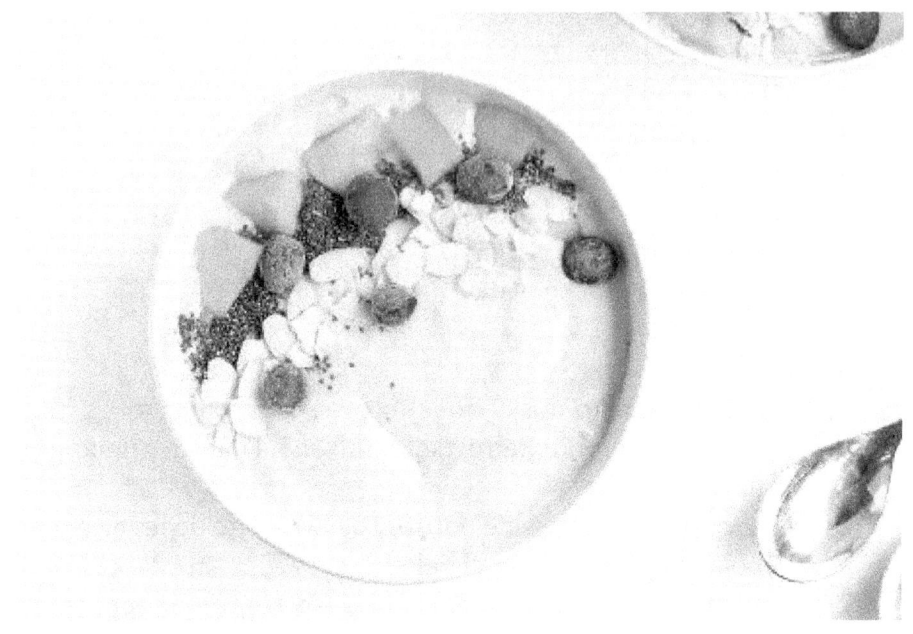

SLOŽENÍ:

- 2 šálky broskví, zmrazené
- 1 banán, zmrazený
- 1½ šálku neslazeného vanilkového mandlového mléka
- 1 polévková lžíce konopných semínek
- Smíšené bobule
- jedlé květy
- plátky čerstvé broskve
- plátky čerstvého ananasu

INSTRUKCE:

- ☑ Přidejte všechny ingredience kromě jedlých květů, plátků čerstvé broskve a plátků čerstvého ananasu do nádoby mixéru a rozmixujte do hladka, dávejte pozor, abyste nepřemíchali.
- ☑ Navrch dejte jedlé květy, plátky čerstvé broskve, plátky čerstvého ananasu nebo jakoukoli jinou polevu dle vašeho výběru.

63.Čokoládová Kůra S Goji Berry

SLOŽENÍ:

- 12 uncí čokoládových lupínků
- 2,5 polévkové lžíce prášku z mořského mechu
- 1 polévková lžíce konopných semínek
- ½ šálku syrových ořechů
- 2 polévkové lžíce Goji bobule
- ½ lžičky himalájské mořské soli, volitelné

INSTRUKCE:

a) Shromážděte ingredience. Připravte si ingredience, aby se čokoládová kůra dala snadno sestavit.
b) Uchopte velkou misku vhodnou do mikrovlnné trouby, přidejte čokoládu a poté čokoládu rozpouštějte v 30sekundových intervalech v mikrovlnné troubě a mezi jednotlivými intervaly míchejte.
c) Jakmile se čokoláda úplně rozpustí, přeneste čokoládu na plech vyložený pečicím papírem nebo pečicí papír. Pomocí špachtle rozprostřete čokoládu v tenké, rovnoměrné vrstvě, silné asi ¼".
d) Přidejte na polevy.
e) Talíř přendejte do lednice a nechte čokoládu ztuhnout, což by mělo trvat asi 30 minut.
f) Jakmile čokoláda ztuhne, můžete ji nalámat na kousky velikosti sousta.
g) Užijte si čokoládu! Veškeré zbytky čokoládové kůry skladujte ve vzduchotěsné nádobě v chladničce po dobu až jednoho týdne.

64.Zelený čaj a zázvor Smoothie

SLOŽENÍ:
- 1 hruška Anjou, nakrájená
- ¼ šálku bílých rozinek nebo sušených moruší
- 1 lžička čerstvě namletého zázvoru
- 1 velká hrst nakrájeného římského salátu
- 1 lžíce konopných semínek
- 1 šálek neslazeného uvařeného zeleného čaje, vychlazeného
- 7 až 9 kostek ledu

INSTRUKCE:
a) Všechny ingredience kromě ledu vložte do Vitamixu a zpracujte, dokud nebudou hladké a krémové.
b) Přidejte led a znovu zpracujte. Pijte vychlazené.

MÁK

65. Vafle s citronem a mákem

SLOŽENÍ:
- 2 hrnky univerzální mouky
- 2 polévkové lžíce polenty
- 2 polévkové lžíce bílého cukru
- 2 polévkové lžíce máku
- ¾ lžičky jedlé sody
- ¾ lžičky vločkové soli
- 2½ šálků podmáslí
- 2 velká vejce
- 1 polévková lžíce nastrouhané citronové kůry
- 1 lžička čerstvé citronové šťávy
- 1 lžička čistého vanilkového extraktu
- ⅔ šálku rostlinného oleje

INSTRUKCE:
a) Smíchejte všechny suché ingredience ve velké míse; šlehejte, dokud se dobře nesmíchá. Ve velké odměrce nebo v samostatné mixovací nádobě smíchejte zbývající ingredience a promíchejte, aby se spojily.
b) Tekuté ingredience přidáme k suchým a vyšleháme do hladka.
c) Předehřejte vaflovač na požadované nastavení.
d) Nalijte malý šálek těsta přes horní část výlevky. Když zazní tón, vafle je hotová. Opatrně otevřete vaflovač a vyjměte upečenou vafle.
e) Zavřete vaflovač a opakujte se zbývajícím těstem.

66. Carbquik Bialys

SLOŽENÍ:
- 1 ½ šálku teplé vody, 105 až 115 stupňů F
- 1 celé vejce rozšlehané se 2 lžícemi vody na mytí
- 1 lžíce košer soli, na posypání
- 5 čajových lžiček aktivního sušeného droždí
- 2 lžičky cukru
- 5 ½ šálků Carbquik
- 2 ½ lžičky košer soli
- ½ šálku dehydrovaných cibulových vloček
- 2 lžíce rostlinného oleje
- 1 ½ lžičky máku

INSTRUKCE:

a) Předehřejte troubu na 450ºF.
b) Ve velké míse smíchejte teplou vodu, droždí a cukr. Vmíchejte jeden šálek Carbquik a sůl. Přidejte většinu zbývajícího Carbquiku a míchejte vařečkou, aby vznikla měkká hmota. Pokud používáte mixér, připojte hnětací hák a míchejte 8 až 10 minut, podle potřeby přidejte další Carbquik , aby vzniklo pevné hladké těsto. Případně můžete těsto hníst ručně.
c) Těsto přikryjeme a necháme asi 45 až 60 minut odpočívat. Zatímco těsto odpočívá, vyložte si 2 velké plechy pečicím papírem.
d) Dehydrovanou cibuli dejte do misky a přidejte horkou vodu, nechte cibuli 15 minut nasáknout. Cibuli dobře slijte, dejte do mísy a přidejte olej a mák, pokud používáte. Tuto směs dejte stranou.
e) Jakmile těsto odpočine, protlačte ho a rozdělte na dvě stejné části. Poté rozdělte každou polovinu na šest stejných dílů. Části těsta nechte 10 minut odpočinout.
f) Každou část těsta vyválejte nebo protáhněte do 4- nebo 5-palcového oválu nebo kruhu, dávejte pozor, abyste těsto nepřepracovali. Položte bialys na připravené plechy a prsty udělejte do středu prohlubně o velikosti půl dolaru (neprocházejte těstem).
g) Vnější obvod každé bily lehce potřete rozmýváním vajec. Lžící naneste asi 2 čajové lžičky připravené cibulové polevy na každou cibuli a podle potřeby lehce posypte solí.
h) Přikryjte bialys pomoučenou utěrkou a nechte je kynout 30 až 40 minut, nebo dokud nenafouknou.
i) Pečte bialys dozlatova, což by mělo trvat přibližně 25 až 30 minut. Pokud si všimnete, že bialys hnědne příliš rychle, můžete snížit teplotu trouby na 425 stupňů F. Užijte si své čerstvě upečené bialys!

67. Carbquik citronové muffiny

SLOŽENÍ:
- 1 celé vejce
- 1 šálek Carbquik
- 2 lžíce Splenda (nebo podle chuti)
- 1 lžička nastrouhané citronové kůry
- ¼ šálku citronové šťávy
- ⅛ šálku vody
- 1 lžíce oleje
- 1 lžíce máku (volitelně)
- 1 lžička prášku do pečiva
- Špetka soli

INSTRUKCE:
a) Předehřejte troubu: Zahřejte troubu na 400 °F (200 °C). Do každého ze 6 košíčků na muffiny běžné velikosti vložte papírový pečicí košíček nebo vymažte pouze dno košíčků na muffiny.
b) Smíchejte těsto: Ve středně velké misce rozšlehejte vejce.
c) Poté vmíchejte zbývající Carbquik , Splenda, nastrouhanou citronovou kůru, citronovou šťávu, vodu, olej, mák (pokud používáte), prášek do pečiva a špetku soli. Míchejte, dokud směs nezvlhne; nepřemíchat.
d) Rozdělte těsto: Těsto na muffiny rozdělte rovnoměrně do připravených košíčků na muffiny.
e) Pečení: Muffiny pečte v předehřáté troubě 15 až 20 minut nebo dokud nejsou vršky zlatavě hnědé. Ke konci pečení je sledujte, aby se nepřepekly.
f) Po dokončení vyjměte muffiny z trouby a nechte je několik minut vychladnout v muffinových košíčcích.
g) Muffiny přendejte na mřížku, aby úplně vychladly.
h) Užijte si své domácí Carbquik Lemon Muffins!

HOŘČIČNÁ SEMÍNKA

68. Burekas

SLOŽENÍ:
- 1 lb / 500 g nejkvalitnějšího celomáslového listového těsta
- 1 velké vejce z volného chovu, rozšlehané

RICOTTA NÁPLŇ
- ¼ šálku / 60 g tvarohu
- ¼ šálku / 60 g sýra ricotta
- ⅔ šálku / 90 rozdrobeného sýra feta
- 2 lžičky / 10 g nesoleného másla, rozpuštěného

PECORINO NÁPLŇ
- 3½ lžíce / 50 g sýra ricotta
- ⅔ šálku / 70 g strouhaného vyzrálého sýra pecorino
- ⅓ šálku / 50 g strouhaného zrajícího sýra Cheddar
- 1 pórek, nakrájený na 2-palcové / 5 cm segmenty, blanšírovaný do měkka a jemně nasekaný (¾ šálku / 80 g celkem)
- 1 lžíce nasekané ploché petrželky
- ½ lžičky čerstvě mletého černého pepře

SEMENA
- 1 lžička semínek nigelly
- 1 lžička sezamových semínek
- 1 lžička žlutého hořčičného semínka
- 1 lžička kmínu
- ½ lžičky chilských vloček

INSTRUKCE:
a) Těsto rozválejte na dva čtverce o velikosti 12 palců / 30 cm, každý o tloušťce ⅛ palce / 3 mm. Plátky těsta položte na plech vyložený pečicím papírem – mohou ležet na sobě, mezi nimiž je list pergamenu – a nechte 1 hodinu v lednici.
b) Každou sadu ingrediencí dejte do samostatné misky. Promícháme a dáme stranou. Všechna semínka smícháme v míse a dáme stranou.
c) Nakrájejte každý plát pečiva na čtverce o velikosti 4 palce / 10 cm; měli byste získat celkem 18 čtverců. První náplň rozdělte rovnoměrně do poloviny čtverců a nanášejte ji do středu každého čtverce. Dva sousedící okraje každého čtverce potřete vajíčkem a pak čtverec přeložte napůl tak, aby vznikl trojúhelník. Vytlačte

veškerý vzduch a pevně přitiskněte strany k sobě. Okraje chcete velmi dobře přitlačit, aby se během vaření neotevřely . Opakujte se zbývajícími čtverečky pečiva a druhou náplní. Dáme na plech vyložený pečicím papírem a necháme alespoň 15 minut v lednici ztuhnout. Předehřejte troubu na 425 °F / 220 °C.

d) Potřete dva krátké okraje každého těsta vejcem a ponořte tyto okraje do směsi semínek; stačí malé množství semínek, jen ⅙ palce / 2 mm široká, protože jsou zcela dominantní. Vršek každého těsta potřete také trochou vajíčka, vyhněte se semínkům.
e) Ujistěte se, že pečivo je od sebe vzdáleno asi 1¼ palce / 3 cm.
f) Pečte 15 až 17 minut, dokud není celá dozlatova. Podávejte teplé nebo při pokojové teplotě.
g) Pokud část náplně z pečiva během pečení vyteče, jen ji opatrně naplňte zpět, až bude dostatečně vychladlá, aby se dala zvládnout.

69. Chutney z rebarbory

SLOŽENÍ:
- 1 libra rebarbory
- 2 lžičky Hrubě nastrouhaného čerstvého zázvoru
- 2 stroužky česneku
- 1 Jalapeno chile , (nebo více) semen a žíly Vyjměte
- 1 lžička papriky
- 1 lžíce semínek černé hořčice
- ¼ šálku rybízu
- 1 šálek světle hnědého cukru
- 1½ šálku světlého octa

INSTRUKCE:
a) Rebarboru omyjte a nakrájejte na kousky silné ¼ palce. Pokud jsou stonky široké, rozkrojte je nejprve podélně na poloviny nebo třetiny.
b) Nakrájejte najemno nastrouhaný zázvor s česnekem a chilli .
c) Všechny ingredience dejte do nekorozivní pánve, přiveďte k varu, poté snižte teplotu a vařte, dokud se rebarbora nerozbije a nebude mít texturu džemu, asi 30 minut.
d) Skladujte v chladu ve skleněné nádobě.

70. Nakládané ředkvičky

SLOŽENÍ:
- 1 svazek ředkviček, ořezaných a nakrájených na tenké plátky
- 1 šálek bílého octa
- ½ šálku vody
- ¼ šálku cukru
- 1 lžíce soli
- 1 lžička celého černého pepře
- 1 lžička hořčičných semínek
- 1 lžička koprových semínek

INSTRUKCE:
a) V hrnci smíchejte ocet, vodu, cukr, sůl, černý pepř, hořčičná semínka a semena kopru.
b) Směs přiveďte k varu a míchejte, dokud se cukr a sůl nerozpustí.
c) Nakrájené ředkvičky vložte do sterilizované nádoby.
d) Nalijte horkou nakládací tekutinu na ředkvičky a ujistěte se, že jsou zcela ponořené.
e) Nakládané ředkvičky nechte vychladnout na pokojovou teplotu, poté zakryjte a před podáváním nechte alespoň 24 hodin v lednici.

71. Hořčice Microgreen Dal Curry

SLOŽENÍ:

- ½ šálku moong dal
- ¼ šálku dýně
- 2 ½ šálku vody
- Špetka soli
- ½ šálku strouhaného kokosu
- 6 šalotek
- 1 stroužek česneku
- 1 zelené chilli
- Kari listy
- ¼ lžičky prášku z kurkumy
- ¼ lžičky semínek kmínu
- ½ šálku hořčice microgreens
- 1 polévková lžíce oleje
- ¼ lžičky hořčičného semínka
- 2 červené chilli papričky

INSTRUKCE:

a) Smíchejte mong dal, dýně, sůl a vodu v tlakovém hrnci. Po důkladném promíchání všeho vařte na 1 hvizd.
b) Mezitím smíchejte v mixéru strouhaný kokos, šalotku, česnek, zelené chilli, kmín, 3 nebo 4 kari listy a kurkumu.
c) Smíchejte mletou pastu s uvařenou dal směsí.
d) Dalovou směs vařte 2 až 3 minuty. Nyní je čas přidat microgreens.
e) Přiveďte k varu po dobu 1 minuty, poté stáhněte z plotny.
f) Přidejte hořčičná semínka a červené chilli do pánve.
g) Přidejte šalotku a několik minut vařte
h) Přidejte temperování do směsi dal.

72. Hořčice Prosecco

SLOŽENÍ:
- ¼ šálku žlutých hořčičných semínek
- ¼ šálku hnědého hořčičného semínka
- ½ šálku Prosecca
- ¼ šálku bílého vinného octa
- 1 lžíce medu
- ½ lžičky soli

INSTRUKCE:
a) V misce smíchejte žlutá a hnědá hořčičná semínka.
b) V samostatné misce smíchejte Prosecco, bílý vinný ocet, med a sůl.
c) Směs Prosecco nalijte na hořčičná semínka a promíchejte, aby se spojila.
d) Směs necháme asi 24 hodin uležet při pokojové teplotě a občas promícháme.
e) Přeneste směs do mixéru nebo kuchyňského robotu a mixujte, dokud nedosáhnete požadované konzistence.
f) Hořčici Prosecco skladujte ve vzduchotěsné nádobě v lednici.
g) Použijte ji jako koření na sendviče, hamburgery nebo jako omáčku na preclíky a svačiny.

73.Proso, Rýže A Granátové Jablko

SLOŽENÍ:
- 2 šálky tenkého pohe
- 1 šálek pufovaných jáhel nebo rýže
- 1 šálek hustého podmáslí
- ½ šálku kousků granátového jablka
- 5-6 kari listů
- ½ lžičky hořčičného semínka
- ½ lžičky semínek kmínu
- ⅛ lžičky asafoetidy
- 5 lžic oleje
- Cukr podle chuti
- Sůl podle chuti
- Čerstvý nebo sušený kokos - strouhaný
- Čerstvé lístky koriandru

INSTRUKCE:
a) Rozehřejte olej a poté přidejte hořčičná semínka.
b) Přidejte semínka kmínu, asafoetida a kari listy, když prasknou.
c) Umístěte pohe do misky.
d) Smíchejte směs olejového koření, cukru a soli.
e) Když pohe vychladne, smíchejte ho s jogurtem, koriandrem a kokosem.
f) Podávejte ozdobené koriandrem a kokosem.

74. Brusinkovo-fíkové chutney

SLOŽENÍ:
- 4 šálky brusinek, hrubě nasekaných
- 1 jednopalcový zázvorový kořen, oloupaný a jemně nastrouhaný
- 1 velký pupečník, nakrájený na čtvrtky a nakrájený nadrobno
- 1 malá cibule, nakrájená nadrobno
- ½ šálku sušeného rybízu
- 5 Sušené fíky, jemně nakrájené
- ½ šálku vlašských ořechů, opečených a nahrubo nasekaných
- 2 lžíce hořčičných semínek
- 2 lžíce jablečného octa
- ¾ šálku Bourbon nebo skotské whisky (volitelné)
- 1½ šálku světle hnědého cukru
- 2 lžičky mleté skořice
- 1 lžička mletého muškátového oříšku
- ½ lžičky mletého hřebíčku
- ½ lžičky soli
- ⅛ lžičky kajenského pepře

INSTRUKCE:
a) Ve čtyřlitrovém hrnci smíchejte nahrubo nasekané brusinky, najemno nastrouhaný zázvor, nadrobno nakrájený pupeční pomeranč, na kostičky nakrájenou cibuli, sušený rybíz, nakrájené sušené fíky, opečené a nasekané vlašské ořechy, hořčičná semínka, strouhaný zázvor, jablečný ocet a whisky (pokud použitím).
b) V malé misce důkladně promíchejte hnědý cukr, skořici, muškátový oříšek, hřebíček, sůl a kajenský pepř.
c) Suché ingredience z malé misky přidejte do hrnce k ostatním ingrediencím. Míchejte, aby se vše spojilo.
d) Směs zahřívejte, dokud nepřijde k varu.
e) Snižte plamen a za častého míchání nechte chutney 25–30 minut probublávat.
f) Po dokončení nechte chutney vychladnout a poté jej chlaďte až na 2 týdny. Alternativně lze zmrazit až na 1 rok.
g) Vychutnejte si lahodný brusinkový fíkový chutney!

FENYKLOVÁ SEMENA

75.Tres Leches Dort S Semena fenyklu

SLOŽENÍ:
PIŠŤOVÝ DORT:
- 1 ½ šálku univerzální mouky
- 1 lžička prášku do pečiva
- 1 lžička skořice
- ½ lžičky fenyklového semene, opečeného a mletého
- ½ lžičky koriandrových semínek, opečených a mletých
- 6 bílků
- 1 lžička soli
- 1½ šálku krystalového cukru
- 3 žloutky
- 2½ lžičky vanilkového extraktu
- ½ šálku mléka
- 6 lžic sušeného mléka

MÁČENÍ TRES LECHES:
- 1 šálek plnotučného mléka
- 4 lžíce sušeného mléka, opečeného (vyhrazeno z receptu na piškotový dort)
- 12 uncí může odpařené mléko
- 14 uncí může kondenzované mléko

MACEROVANÉ BOBULÍ:
- ½ šálku vody
- ½ šálku cukru
- Listy fenyklu z 1 cibule, dělené
- 18 uncí bobulí dle vašeho výběru, rozdělených na polovinu
- 1 lžíce citronové šťávy

ŠLEHAČKA:
- 1 šálek husté smetany
- ½ šálku krystalového cukru
- 2 lžíce podmáslí
- Špetka soli

INSTRUKCE:
PIŠŤOVÝ DORT:

a) Koření opékejte v troubě vyhřáté na 325 stupňů po dobu 8–10 minut, poté rozemelte pomocí mlýnku na koření, hmoždíře nebo mixéru.
b) Předehřejte troubu na 300 stupňů.
c) Přidejte 6 lžic sušeného mléka do žáruvzdorné pánve a vložte ji do trouby. Míchejte a otáčejte každých 5 minut, dokud prášek nezíská barvu písku.
d) Zvyšte teplotu na 350 stupňů.
e) Vyložte dortovou formu o rozměrech 9 x 13 palců pečicím papírem; pergamen dobře namažte sprejem nebo olejem.
f) Do velké mísy prosejeme mouku, prášek do pečiva, skořici, fenykl a koriandr a ušleháme.
g) Do mísy stojanového mixéru dejte bílky a sůl a šlehacím nástavcem míchejte při střední rychlosti do pěny. Pokračujte v šlehání, dokud nebude nadýchaný a bílky budou mít měkké vrcholy.
h) Do běžícího mixéru pomalu prášíme krystalový cukr a dále šleháme, dokud bílky nevytvoří střední vrcholy.
i) Zatímco mixér běží, přidávejte jeden po druhém žloutky a poté vanilku a míchejte, dokud se nezapracuje.
j) Do mléka zašleháme 2 lžíce sušeného toastového mléka. Zbytek sušeného mléka odložte pro pozdější použití.
k) Vyjměte pusinky z mixéru a gumovou stěrkou vmíchejte polovinu suché směsi.
l) Nalijte polovinu mléčné směsi a pokračujte ve skládání, otáčením mísy a překládáním ve směru hodinových ručiček od středu k okraji.
m) Přidejte zbývající suché ingredience a pokračujte ve skládání. Přidejte zbývající mléčnou směs a promíchejte, dokud se nespojí, dávejte pozor, abyste nepřemíchali.
n) Těsto vložíme do připravené pánve a pomocí stěrky uhladíme do rohů.
o) Pečte 10–12 minut a každých 5 minut otočte, abyste zajistili rovnoměrné propečení.
p) Vyjměte z trouby, když je koláč rovnoměrně propečený a okraje se mírně odtáhněte od formy.

q) Nechte vychladnout na pokojovou teplotu.

MÁČENÍ TRES LECHES:

r) Do mixéru přidejte mléko, zbytek sušeného toastového mléka, odpařené mléko a kondenzované mléko. Smíchejte k začlenění.

s) Nalijte na koláč a chlaďte namočený koláč, dokud nebude připraven k podávání.

MACEROVANÉ BOBULÍ:

t) V hrnci přiveďte vodu k varu a poté přidejte cukr. Šlehejte, aby se spojily.

u) Přidejte štědrou hrst jasně zelených listů fenyklu, některé si nechte na ozdobu. Odstraňte z ohně a nechte vyluhovat, dokud sirup nevychladne na pokojovou teplotu.

v) Přeceďte sirup.

w) Asi 30 minut před podáváním macerujte polovinu bobulí v sirupu a citronovou šťávu. Zbývající bobule si nechejte na ozdobu.

ŠLEHAČKA:

x) Ve stojanovém mixéru s nástavcem na šlehání přidejte hustou smetanu, cukr, podmáslí a sůl a mixujte při střední rychlosti, dokud se nevytvoří střední vrcholy.

y) Nechte v chladu, dokud nebudete připraveni k podávání.

SHROMÁŽDĚNÍ:

z) Řez Tres leches dort na plátky. Každý plátek potřeme šlehačkou a poté ozdobíme čerstvým ovocem, macerovaným ovocem a fenyklovými lístky.

76. Pomalu pečená jehněčí plec

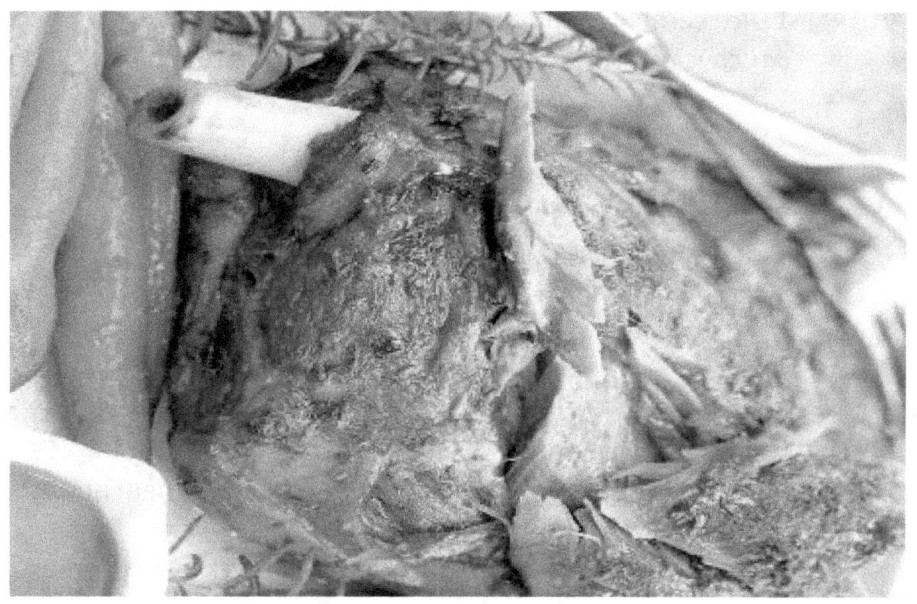

SLOŽENÍ:
- 2 lžíce fenyklových semínek , mletých
- 1 lžíce černého pepře , mletého
- 6 tučných stroužků česneku, nasekaných nahrubo
- 1 lžíce olivového oleje
- 1 lžička solných vloček
- 5 liber . jehněčí plec, kost
- 2 velké cibule, nakrájené na plátky
- 14 unce Střední mrkev, drhnutá
- Sůl a čerstvě mletý černý pepř

INSTRUKCE:
a) Chcete-li připravit pastu, smíchejte česnek, olivový olej a sůl v kuchyňském robotu.
b) Vložte jehně do velké pekáče a ostrým nožem na něm propíchněte desítky malých zářezů.
c) Na jehněčí maso naneste lžící pastu z fenyklových semen a co nejvíce ji vetřete do zářezů.
d) Dejte na několik hodin do lednice .
e) Vložte jej do pece na dřevo na 2 hodiny , aby se opékal.
f) Cibuli a celou mrkev rozházejte kolem jehněčího, otáčejte je, aby se podlévaly šťávou, a vraťte do trouby na další hodinu, kdy by mělo být vše extrémně měkké.
g) Přendejte jehněčí maso na servírovací tác a rozsypte kolem něj zeleninu a lžící potřete šťávu z pánve.

77. Heřmánkový a fenyklový čaj

SLOŽENÍ:
- 1 lžička květů heřmánku
- 1 lžička semínek fenyklu
- 1 lžička lučního
- 1 lžička kořene proskurníku, jemně nakrájeného
- 1 lžička řebříčku

INSTRUKCE:
a) Vložte bylinky do konvice.
b) Vařte vodu a přidejte do konvice.
c) Nechte 5 minut louhovat a podávejte.
d) Pijte 1 hrnek nálevu 3x denně.

KMÍN

78.Farmářský vepřový hrnec koláč

SLOŽENÍ:

- 2 cibule, nakrájené
- 2 mrkve, nakrájené na plátky
- 1 hlávka zelí, nakrájená
- 3 šálky Vepřové maso, vařené, nakrájené na kostičky
- Sůl podle chuti
- 1 pečivo na 9palcový koláč
- ¼ šálku másla nebo margarínu
- 2 brambory, nakrájené na kostičky
- 1 plechovka kuřecího vývaru (14 oz)
- 1 lžíce aromatických hořkých Angostura
- Bílý pepř podle chuti
- 2 lžičky kmínu

INSTRUKCE:

a) Na másle orestujte cibuli dozlatova.

b) Přidejte mrkev, brambory, zelí, vývar, vepřové maso a hořké; přikryjte a vařte, dokud zelí nezměkne, asi 30 minut.

c) Dochuťte solí a bílým pepřem podle chuti.

d) Připravte si pečivo, přidejte kmín.

e) Těsto rozválejte na lehce pomoučené desce na tloušťku ⅛ palce; vystřihněte šest 6palcových kruhů na šest 5palcových koláčových pánví.

f) Rozdělte náplň rovnoměrně mezi koláčové formy; navrch dejte kůrky, nechte pečivo viset ½ palce přes strany pánve.

g) Uprostřed každého koláče nařízněte kříž; zatáhněte body pečiva, abyste otevřeli vršky koláčů.

h) Pečeme v předehřáté 400'F. troubě 30 až 35 minut, nebo dokud kůrka nezhnědne a náplň nebude bublinková.

79. Kokosová polévka Supergreens & Spirulina

SLOŽENÍ:
- 1 lžička semínek fenyklu
- 1 lžička kmínu
- 2 palce zázvoru, nakrájeného
- 3 stroužky česneku, nakrájené
- 1 velká bílá cibule, nakrájená nahrubo
- 2 tyčinky celeru, nakrájené nahrubo
- 1 hlavička brokolice
- 1 cuketa /cuketa, nakrájená
- 1 jablko, oloupané a nakrájené
- 2 balené šálky špenátu
- 3 hrnky zeleninového vývaru
- 1 lžička mořské soli
- 1 lžička pepře
- 2 lžičky spiruliny
- 1 lžíce limetkové šťávy

INSTRUKCE:
a) Zahřejte 1 lžíci olivového oleje ve velkém hrnci nad střední a přidejte kmín a fenykl a zahřívejte, dokud nezačnou praskat.
b) Přidejte cibuli do pánve a opékejte asi 3 minuty nebo dokud nebude průhledná.
c) Přidejte česnek a zázvor a pokračujte v opékání po dobu 30 sekund, aby to provonělo.
d) Přidejte celer a brokolici, promíchejte, aby se vše spojilo, a vařte 1 minutu, než přidáte jablko, cuketu , sůl, pepř a zeleninový vývar.
e) Vývar přiveďte k varu a poté snižte k varu. Vařte asi 10 minut nebo dokud zelenina nezměkne.
f) Přidejte kokosové mléko a přiveďte zpět k varu.
g) Přidejte špenát, promíchejte a vařte 1 minutu, dokud nezvadne a nebude zářivě zelená.
h) Sundejte z plotny a vmíchejte limetkovou šťávu a spirulinu.
i) Přendejte do mixéru a vyšlehejte na nejvyšší stupeň do hladka! Navrch dejte krutony, pečenou cizrnu nebo kokosové vločky

80.Němec Bratwurst

SLOŽENÍ:
- 4 libry jemně mletého vepřového zadku
- 2 libry jemně mletého telecího masa
- ½ lžičky mletého nového koření
- 1 lžička kmínu
- 1 lžička sušené majoránky
- 1½ lžičky bílého pepře
- 3 lžičky soli
- 1 šálek studené vody

INSTRUKCE:
a) Smíchejte všechny ingredience, dobře promíchejte a znovu dejte přes jemnou čepel mlýnku.
b) Věci do vepřového střívka.

81. Slaný Kmín A žitné Sušenky

SLOŽENÍ:
- 1 hrnek hladké mouky
- 1 hrnek žitné mouky
- 1 lžička tmavě hnědého cukru
- ½ lžičky prášku do pečiva
- ½ lžičky jemné soli
- ¼ šálku másla, kostka d
- ½ šálku mléka
- 1 vejce, rozšlehané
- 2 lžíce kmínu, podle chuti
- S vločky mořské soli

INSTRUKCE:
a) V míse prošlehejte obě mouky, cukr, prášek do pečiva a sůl.
b) Přidejte kostky másla a míchejte je, dokud se úplně nevsáknou do mouky;
c) Přidejte mléko a lžící míchejte, aby vzniklo hladké těsto. Zabalte do potravinářské fólie a nechte 30 minut při pokojové teplotě.
d) Když jste připraveni k pečení, lehce pomoučněte pracovní plochu a plech.
e) Těsto rozválejte tak, aby co nejlépe odpovídalo formě plechu.
f) Propíchněte sušenky po celém povrchu vidličkou a poté je hluboce narýhujte.
g) V misce rozklepneme vejce a lehce rozšleháme se lžící vody. Těsto potřete po celém povrchu, poté posypte kmínem a velkým množstvím vloček mořské soli.
h) Vložte do trouby na dřevo a pečte 20 minut při teplotě asi 350 °F.
i) Když jsou sušenky vychladlé, zaklapněte je podél dělicích čar a podávejte.

SEMENA NIGELLA/SEMENA ČERNÉHO KMINU

82. Lilek Koláč S Kozím Sýrem

SLOŽENÍ:
- 2 libry lilku (asi 3 malé lilky; 900 g)
- 4 lžičky košer soli, rozdělené
- Univerzální mouka, na posypání
- 2 pláty mraženého listového těsta (1 plná krabice), rozmražené
- 4 polévkové lžíce extra panenského olivového oleje (2 unce; 60 g)
- Čerstvě mletý černý pepř
- ½ šálku čerstvého kozího sýra (4 unce; 112 g)
- 2 šálky strouhané Goudy (6 uncí; 168 g)
- 2 lžičky semen nigelly
- 4 polévkové lžíce medu (2 unce; 60 g), rozdělené
- Čerstvé bylinky, jako je pažitka nebo bazalka, na ozdobu (volitelně)

INSTRUKCE:

a) Pomocí ostrého kuchařského nože nebo mandolíny nakrájejte lilek na ¼ palce silné plátky.

b) Plátky promíchejte s 1 lžící (12 g) košer soli a dejte je stranou do cedníku umístěného nad miskou nebo dřezem. Necháme je alespoň 30 minut okapat.

c) Nastavte dva rošty v troubě do horní a spodní střední polohy. Předehřejte troubu na 400 °F (200 °C).

d) Vyložte tři lemované přihrádky na půl listu pergamenovým papírem. Také uřízněte další list pergamenu a odložte jej stranou.

e) Na lehce pomoučněnou plochu pokládáme rozmražené pláty listového těsta na sebe.

f) Těsto rozválejte, dokud nebude dostatečně velké, aby se vešlo na plech s polovičními listy, přibližně 11 x 15 palců. Použijte dostatek mouky, aby se nepřilepila.

g) Těsto vyklopte na váleček, aby se přeneslo, a poté jej rozválejte na plech vyložený pečicím papírem. Nahoru položte další list pergamenu.

h) Do této doby by lilek uvolnil přebytečnou tekutinu. Plátky lilku opláchněte pod studenou vodou, abyste odstranili zbývající sůl, a osušte je čistou kuchyňskou utěrkou nebo papírovou utěrkou. Plátky lilku rozložte na dva zbývající vyložené plechy. Dochuťte je extra panenským olivovým olejem, černým pepřem a zbylou košer solí.

i) Na listové těsto položte jeden z plechů na pečení lilku, aby se při pečení zatížilo. Všechny tři plechy pečte v předehřáté troubě asi 20 minut, po 10 minutách jednou otočte. Během této doby lilek změkne a pečivo zpevní, ale nemělo by se zbarvit.

SLOŽTE KOLÍČEK:

j) Po prvním upečení vyjměte plechy z trouby. Zvyšte teplotu trouby na 500 °F (260 °C). Pomocí odsazené stěrky rovnoměrně rozetřete na listové těsto kozí sýr. Kozí sýr posypeme nastrouhanou semínky Goudy a nigelly.

k) Uložte částečně uvařené plátky lilku tak, aby zakryly koláč. Lilek rovnoměrně pokapejte 2 lžícemi (30 g) medu.

l) Koláč vraťte do trouby a pečte dalších 15 minut, nebo dokud těsto nezhnědne a nebude křupavé.

m) Dort dokončete pokapáním zbylého medu. Případně ozdobte čerstvými bylinkami, jako je pažitka nebo bazalka. Dort nakrájejte na požadovanou velikost porcí a ihned podávejte.

n) Vychutnejte si tento lahodný lilkový koláč s kozím sýrem a medem jako lahodný předkrm nebo hlavní jídlo.

83.Kuřecí koláčky

SLOŽENÍ:
PRO SCONES:
- 225 g samokypřící mouky plus navíc na podsypání
- 1 lžička prášku do pečiva
- 140 g studeného másla nakrájeného na malé kousky
- 150 ml mléka
- 1 lžíce semínek nigelly
- 1 vejce, rozšlehané

K NÁPLNĚ:
- 3 vařená kuřecí prsa, jemně nakrájená nebo nastrouhaná
- 100 g mangového chutney
- 2 lžičky jemného kari
- 150 g hrnec přírodního jogurtu
- 75 g majonézy
- Malý svazek koriandru, nasekaný
- Malý svazek máty, nasekaný
- Šťáva z ½ citronu
- ½ okurky, oloupané na stuhy
- 1 malá červená cibule, nakrájená na tenké plátky

INSTRUKCE:
PRO SCONES:
a) Plech vyložte pečicím papírem a předehřejte troubu na 220°C/200°C horkovzdušný/plyn 7.
b) Ve velké míse smíchejte samokypřící mouku, prášek do pečiva a ¼ lžičky soli. Přidejte studené nakrájené máslo a konečky prstů ho vmasírujte do mouky, dokud nebude směs připomínat jemnou strouhanku.
c) Přidejte mléko a semínka nigelly a poté pomocí příborového nože promíchejte ingredience, dokud nevytvoří měkké těsto.
d) Těsto vyklopte na pracovní plochu a krátce prohněťte, aby se do něj vložily všechny sypké drobky. Povrch dobře pomoučněte a těsto vyválejte na tloušťku asi 1½ cm. Pomocí 7cm vykrajovátka na sušenky vykrojte 12 koleček. Možná budete muset kousky zkombinovat a znovu válet, abyste vytvořili všech 12 koláčků.

e) Koláčky rozložte na plechy, potřete vršky rozšlehaným vejcem a pečte 10–12 minut nebo do zlatova. Během přípravy náplně je nechte vychladnout.

K NÁPLNĚ:

f) V misce smícháme nakrájené nebo nakrájené kuřecí maso, mango chutney, jemný kari prášek, přírodní jogurt, majonézu, nasekané bylinky, citronovou šťávu a dochutíme. Tuto směs chlaďte, dokud nebudete připraveni sestavit koláčky.

K SESTAVENÍ:

g) Chcete-li podávat, rozdělte koláčky a vytvořte sendviče s korunovačním kuřetem, okurkovými stuhami a na tenké plátky nakrájenou červenou cibulí.

h) Pokud chcete, použijte špejle, abyste koláčky drželi pohromadě.

84. Tikur Směs koření Azmud (směs černého kmínu)

SLOŽENÍ:
- 2 lžíce semen černého kmínu (Tikur Azmud)
- 1 lžíce semínek koriandru
- ½ lžičky semínek kardamomu
- ½ lžičky semínek pískavice řecké seno
- ½ lžičky hořčičného semínka
- ½ lžičky semínek nigelly (kalonji)
- ½ lžičky mleté skořice
- ½ lžičky mletého hřebíčku
- ½ lžičky mletého nového koření

INSTRUKCE:

a) Na suché pánvi zlehka opečte semínka kmínu, koriandru, kardamomu, pískavice řecké seno, hořčičná semínka a semínka nigelly, dokud nezavoní. Dávejte pozor, abyste je nespálili.

b) Opražená semínka nechte vychladnout a poté je rozdrťte na jemný prášek pomocí mlýnku na koření nebo hmoždíře.

c) V misce smíchejte mletou směs koření s mletou skořicí, hřebíčkem a novým kořením.

d) Uložte Tikur Směs koření Azmud ve vzduchotěsné nádobě na chladném a tmavém místě.

85. Zelené Matcha Kuřecí Kari S Limetkou

SLOŽENÍ:
- 2 lžíce koriandru, semínka plus 1 velký svazek, nasekaný
- 1 lžíce kmínu, semínka
- 1 ½ lžičky, zelený čaj
- 1 špetka čerstvě nastrouhaného muškátového oříšku
- 6 stroužků česneku, nakrájených
- 5 šalotek, nakrájených
- 8 Chilli paprička, zelená, se semínky a nakrájená
- 125 g Galangalu, nakrájeného
- 2 stonky citronové trávy, vnější listy odstraněné, vnitřní stonky nakrájené
- 4 listy kafírové limetky, nasekané
- 2 polévkové lžíce pasty na krevety
- 1 Limetka, odšťavněná
- 4 lžíce podzemnicového oleje
- 2 kuřecí prsa bez kůže, nakrájená na plátky
- 400 ml kuřecího vývaru
- 400 ml kokosového mléka
- 250 g Mangetout, nakrájený nahrubo
- 4 malé Bok Choy, nahrubo nasekané
- Sůl
- Čerstvě mletý pepř černý
- Snítky koriandru
- 2 limetky, nakrájené na měsíčky
- 1 polévková lžíce drceného černého pepře

INSTRUKCE:
a) Jak udělat pikantní zelené matcha kuřecí kari s limetkou
b) Koriandr a kmín opečte na suché pánvi nastavené na střední teplotu, dokud nebudou aromatické.
c) Nasypte do mlýnku na koření, přidejte prášek matcha a míchejte, dokud nebude jemný a práškový.
d) Nalijte do mixéru nebo kuchyňského robotu.
e) Přidejte muškátový oříšek, česnek, šalotku, koriandr, chilli, galangal, citronovou trávu, kafir, limetkové listy, krevetovou pastu a limetkovou šťávu.

f) Mixujte na vyšší stupeň, dokud nebude hladká a pastovitá.
g) Zahřejte 2 lžíce oleje ve velkém woku na mírném ohni.
h) Před přidáním do woku osolte a opepřete kuře a za stálého míchání opékejte dozlatova, asi 3–4 minuty.
i) Přeneste na talíř.
j) Přidejte zbývající olej a poté pastu a smažte, dokud nezačne tmavnout a přitom často, asi 4-5 minut.
k) Zašlehejte vývar a kokosové mléko a přiveďte k varu.
l) Umístěte kuře do omáčky, částečně je přikryjte pokličkou a vařte na mírném ohni, dokud nebude vařené asi 6-8 minut.
m) Přidejte mangetout a zabalte choi na kari a vařte další 3-4 minuty, dokud nezměkne.
n) Kari dochuťte solí a pepřem podle chuti.
o) Zelené matcha kuřecí kari z woku podávejte s ozdobou snítkami koriandru, kolečky limetky a posypem drceného černého pepře.

SEMÍNKO PAPAYA

86.Salsa z papájových semínek

SLOŽENÍ:
- 1 šálek na kostičky nakrájené zralé papáji
- 2 lžíce nasekané červené cibule
- 1 paprička jalapeño, zbavená semínek a nasekaná
- 2 lžíce nasekaného čerstvého koriandru
- Šťáva z 1 limetky
- Sůl podle chuti
- 1 lžíce semínek papáji

INSTRUKCE:
a) V misce smíchejte na kostičky nakrájenou papája, mletou červenou cibuli, mletou papričku jalapeño, nasekaný koriandr a limetkovou šťávu.
b) Přidejte semínka papáji a dobře promíchejte.
c) Dochuťte solí podle chuti.
d) Salsu nechte uležet alespoň 15 minut, aby se chutě propojily.
e) Podávejte s tortilla chipsy, grilovanými rybami nebo tacos.

87. Smoothie se semínky papáji

SLOŽENÍ:
- 1 zralý banán
- 1 šálek papáji nakrájené na kostičky
- 1/2 šálku kousky ananasu
- 1/2 šálku špenátových listů
- 1/2 šálku kokosové vody nebo mandlového mléka
- 1 lžíce semínek papáji
- Med nebo javorový sirup (volitelné, pro sladkost)

INSTRUKCE:
a) V mixéru smíchejte zralý banán, nakrájenou papája, kousky ananasu, listy špenátu, kokosovou vodu nebo mandlové mléko a semínka papáje.
b) Mixujte, dokud nebude hladká a krémová.
c) Ochutnejte a podle potřeby přidejte med nebo javorový sirup pro extra sladkost.
d) Nalijte do sklenic a ihned si vychutnejte jako osvěžující a výživné smoothie.

88. Dresink ze semínek papáji

SLOŽENÍ:
- ¼ šálku semínek papáji
- ¼ šálku olivového oleje
- 2 lžíce bílého vinného octa
- 1 lžíce medu
- 1 lžička dijonské hořčice
- Sůl a pepř na dochucení

INSTRUKCE:
a) V mixéru nebo kuchyňském robotu smíchejte semínka papáji, olivový olej, bílý vinný ocet, med, dijonskou hořčici, sůl a pepř.
b) Mixujte, dokud není dresink hladký a semena papáji dobře zapracovaná.
c) Ochutnejte a podle potřeby dochuťte.
d) Dresink ze semínek papáji přeneste do láhve nebo sklenice s těsně přiléhajícím víčkem.
e) Před použitím dobře protřepejte.
f) Dresingem pokapejte saláty nebo ho použijte jako marinádu na grilovaná masa či zeleninu.

SMÍŠENÁ SEMENA

89. Thandai Tres Leches

SLOŽENÍ:
PRO PRÁŠEK THANDAI:
- 2 lžíce mandlí
- 1 lžíce kešu
- ¼ lžičky černého pepře
- ½ lžičky fenyklových semínek
- ½ lžičky máku
- ½ lžičky melounových semínek
- 8-10 lusků kardamomu
- ½ lžičky sušených okvětních lístků růží
- 8-10 vláken šafránu

PRO HOUBU:
- 1 + ½ hrnku univerzální mouky
- 1 lžička prášku do pečiva
- 1 hrnek jogurtu
- ½ lžičky jedlé sody
- ¾ šálku moučkového cukru
- ½ šálku rostlinného oleje
- 1 lžička vanilkového extraktu
- 2 lžíce prášku thandai

PRO MLÉČNOU SMĚS:
- 1½ šálku mléka
- ½ šálku kondenzovaného mléka
- ¾ šálku smetany ke šlehání
- 7-8 pramenů šafránu
- 2 lžíce sirupu thandai

NA OBDOBÍ:
- Šlehačka
- Šafránové prameny
- Zlatý list
- Sušené okvětní lístky růží

INSTRUKCE:
THANDAI PRÁŠEK:
a) V kuchyňském robotu kombinujte mandle, kešu oříšky, zrnka černého pepře, fenyklová semínka, mák, melounová semínka, lusky kardamomu, sušené okvětní lístky růží a šafránová vlákna. Blitz do jemného prášku. Dát stranou.
b) Troubu předehřejte na 180°C. Čtvercovou pánev o průměru 9 palců vyložte na obou stranách pečicím papírem.

PŘIPRAVTE SI HOUBU:
c) V misce smíchejte jogurt a posypte jedlou sodou. Nechte vypěnit .
d) Do stejné mísy přidejte moučkový cukr a dobře promíchejte.
e) Nad mísu dejte síto a přidejte univerzální mouku a prášek do pečiva. Dobře promíchejte.
f) Do těsta přidejte vanilkový extrakt a prášek z thandai . Míchejte, dokud se dobře nespojí.
g) Těsto nalijte do připravené formy a pečte při 180 °C 20-25 minut nebo dokud zapíchnutá špejle nevyjde čistá.

MLÉČNÁ SMĚS:
h) Do odměrky nebo kádinky nalijte teplé mléko.
i) Přidejte šafránové prameny, smetanu ke šlehání, kondenzované mléko a sirup thandai . Dobře promíchejte.

NAmočte dort:
j) Jakmile je koláč upečený , propíchejte jej celý vidličkou.
k) Nalijte mléčnou směs do tří částí a mezi intervaly ji nechte řádně nasáknout. Nakloňte pánev, abyste zajistili správnou absorpci.
l) Nechte si trochu mléčné směsi pro podávání.
m) Dejte do lednice na 8 hodin nebo přes noc.
n) Před podáváním na povrch natřeme šlehačku.
o) Ozdobte šlehačkou, sušenými okvětními lístky růží, šafránovými vlákny a plátkovým zlatem.
p) Dort nakrájíme na čtverce a položíme na talíř.
q) Při podávání koláč přelévejte zbylou mléčnou směsí.
r) Užívat si!

90. Nakládané ředkvičky

SLOŽENÍ:
- 1 svazek ředkviček, ořezaných a nakrájených na tenké plátky
- 1 šálek bílého octa
- ½ šálku vody
- ¼ šálku cukru
- 1 lžíce soli
- 1 lžička celého černého pepře
- 1 lžička hořčičných semínek
- 1 lžička koprových semínek

INSTRUKCE:
f) V hrnci smíchejte ocet, vodu, cukr, sůl, černý pepř, hořčičná semínka a semena kopru.
g) Směs přiveďte k varu a míchejte, dokud se cukr a sůl nerozpustí.
h) Nakrájené ředkvičky vložte do sterilizované nádoby.
i) Nalijte horkou nakládací tekutinu na ředkvičky a ujistěte se, že jsou zcela ponořené.
j) Nakládané ředkvičky nechte vychladnout na pokojovou teplotu, poté zakryjte a před podáváním nechte alespoň 24 hodin v lednici.

91. Dýňové Kari S Pikantní Semínky

SLOŽENÍ:

- 3 šálky dýně – nakrájené na 1-2 cm kousky
- 2 polévkové lžíce oleje
- ½ lžičky hořčičných semínek
- ½ polévkové lžíce semínek kmínu
- Špetka asafetida
- 5-6 kari listů
- ¼ polévkové lžíce semínek pískavice řecké seno
- ¼ polévkové lžíce fenyklových semen
- ½ lžíce strouhaného zázvoru
- 1 polévková lžíce tamarindové pasty
- 2 polévkové lžíce – suchý, mletý kokos
- 2 polévkové lžíce pražených mletých arašídů
- Sůl a hnědý cukr nebo jaggery podle chuti
- Čerstvé lístky koriandru

INSTRUKCE:

a) Rozehřejte olej a přidejte hořčičná semínka. Když prasknou, přidejte kmín, pískavici, asafetidu, zázvor, kari listy a fenykl. Vařte 30 sekund.

b) Přidejte dýni a sůl. Přidejte tamarindovou pastu nebo vodu s dužinou uvnitř. Přidejte jaggery nebo hnědý cukr. Přidejte mletý kokos a arašídový prášek. Vařte ještě pár minut. Přidejte čerstvě nasekaný koriandr.

92.Salát Zelí A Granátové Jablko

SLOŽENÍ:
- 1 hrnek zelí – nastrouhané
- ½ granátového jablka, semena odstraněna
- ¼ polévkové lžíce hořčičného semínka
- ¼ polévkové lžíce semínek kmínu
- 4-5 kari listů
- Štípněte asafoetidu
- 1 lžíce oleje
- Sůl a cukr podle chuti
- Citronová šťáva podle chuti
- Čerstvé lístky koriandru

INSTRUKCE:
a) Smíchejte granátové jablko a zelí.
b) Hořčičná semínka rozehřejeme na pánvi s olejem.
c) Do pánve přidejte semínka kmínu, kari listy a asafoetidu.
d) Směs koření spojte se zelím.
e) Přidejte cukr, sůl a citronovou šťávu a důkladně promíchejte. Podávejte ozdobené koriandrem.

93.Salát s mrkví a granátovým jablkem

SLOŽENÍ:

- 2 mrkve – nastrouhané
- ½ granátového jablka, semena odstraněna
- ¼ polévkové lžíce hořčičného semínka
- ¼ polévkové lžíce semínek kmínu
- 4-5 kari listů
- Štípněte asafoetidu
- 1 lžíce oleje
- Sůl a cukr podle chuti
- Citronová šťáva - podle chuti
- Čerstvé lístky koriandru

INSTRUKCE:

a) Smíchejte granátové jablko a mrkev.
b) Hořčičná semínka rozehřejeme na pánvi s olejem.
c) Přidejte semínka kmínu, kari listy a asafoetidu .
d) Smíchejte směs koření s mrkví.
e) Přidejte cukr, sůl a citronovou šťávu.
f) Podávejte ozdobené koriandrem.

94. Čaj Masala koření

SLOŽENÍ:
- 1 tyčinka skořice
- 5-6 celých hřebíčků
- 5-6 celých lusků kardamomu
- 1-palcový kousek čerstvého zázvoru, nastrouhaný
- 1 lžička zrnek černého pepře
- 1 lžička semínek fenyklu
- 1 lžička semínek koriandru
- 1 lžička semínek kmínu

INSTRUKCE:
a) Na pánvi nasucho opečte skořici, hřebíček, lusky kardamomu, zrnka černého pepře, semena fenyklu, semínka koriandru a semínka kmínu na mírném ohni, dokud nebudou voňavé.
b) Odstraňte z ohně a nechte koření vychladnout.
c) Opečené koření rozemelte v mlýnku na koření nebo v hmoždíři a tloučkem rozdrťte najemno.
d) Keňský čaj Masala skladujte ve vzduchotěsné nádobě.
e) Chcete-li použít, přidejte do čaje během vaření špetku nebo dvě čajové masaly, abyste získali voňavou a kořeněnou chuť.

95. Kořeněná chilli cizrna

SLOŽENÍ:
- 3 šálky vařená cizrna
- 1 lžíce olivového oleje
- 2 lžičky semínek kmínu
- 2 lžičky semen nigelly
- 2 lžičky chilli vloček, podle chuti
- S vločky mořské soli

INSTRUKCE:
a) Do malého pekáče nasypte okapanou a propláchnutou cizrnu v jedné vrstvě.
b) Zakápněte olejem a posypte kmínem, nigellou a chilli vločkami. Přihoďte štědrou špetku vloček mořské soli, aby se spojily.
c) Umístěte pánev do rozpálené trouby na dřevo a pečte cizrnu asi 30 minut, občas zatřepejte, aby se promíchala, aby se zajistilo rovnoměrné propečení.
d) Měly by být křupavé a sytě zlatohnědé barvy. Před přenesením do servírovací mísy jej nechte mírně vychladnout.

96.Brusinky A Sušenky

SLOŽENÍ:
- 1 šálek univerzální mouky
- 2 lžíce hnědého cukru
- ¾ šálku nakrájených brusinek
- ½ šálku pekanových ořechů
- ½ šálku dýňových semínek
- 2 lžičky chia semínek
- 2 lžičky sezamových semínek
- 1 lžička najemno nasekaného čerstvého rozmarýnu
- ½ lžičky pomerančové kůry
- 1 lžička jedlé sody
- ½ lžičky soli
- 1 šálek mléka
- hrubá sůl (na polevu)

INSTRUKCE:
a) Předehřejte troubu na 350 °F (180 °C).
b) Ve velké míse smíchejte všechny ingredience kromě mléka. Jakmile je vše promíchané, přidejte mléko a vytvořte těsto.
c) Mini formičky na chléb vymažte sprejem na vaření a naplňte je těstem, každou formu naplňte asi do dvou třetin.
d) Pečte 25–40 minut nebo dokud krekry neztuhnou. Přesná doba pečení se může lišit v závislosti na velikosti vašich formiček. Mé mini formičky se upekly asi 30 minut.
e) Upečené bochníky nechte 10-15 minut vychladnout a poté je přesuňte na 30-60 minut do mrazáku. Případně je můžete nechat vychladnout při pokojové teplotě, i když to může trvat několik hodin.
f) Jakmile jsou bochníky úplně vychladlé, předehřejte troubu na 325 °F (160 °C) a upečené bochníky opatrně vyjměte z forem.
g) Ostrým zoubkovaným nožem nakrájejte každý bochník na tenké plátky o tloušťce přibližně ⅛.
h) Nakrájené krekry položte na drátěnou mřížku nastavenou na vyložený plech a navrch posypte nebo rozetřete hrubou sůl.
i) Pečte 25-30 minut.
j) Nechte sušenky vychladnout; budou i nadále křupavé, když budou chladnout.

97. Godiva a mandlová čokoládová kůra

SLOŽENÍ:
- 8 uncí hořké čokolády Godiva, jemně nasekané
- ½ šálku pražených mandlí, nahrubo nasekaných
- ¼ šálku rozmixovaných semínek (např. dýňová semínka, slunečnicová semínka, chia semínka)
- Špetka vločkové mořské soli (volitelně, na ozdobu)

INSTRUKCE:
a) Plech vyložte pečicím papírem nebo silikonovou pečicí podložkou. Ujistěte se, že se vejde do vaší chladničky nebo mrazničky.
b) Nasekanou hořkou čokoládu Godiva (nebo kousky hořké čokolády) vložte do misky vhodné do mikrovlnné trouby. Zahřívejte v mikrovlnné troubě v 20-30 sekundových intervalech a pokaždé zamíchejte, dokud se čokoláda úplně nerozpustí a nebude hladká. Alternativně můžete čokoládu rozpustit pomocí dvojitého kotle na varné desce.
c) Rozpuštěnou hořkou čokoládu nalijeme na připravený plech. Pomocí špachtle nebo zadní části lžíce jej rovnoměrně rozprostřete do obdélníkového nebo čtvercového tvaru o tloušťce asi ¼ až ½ palce.
d) Ještě měkkou rozpuštěnou čokoládu rovnoměrně posypeme nasekanými praženými mandlemi a rozmixovanými semínky. Jemně je zatlačte dolů do čokolády, aby přilnuly.
e) Pokud chcete, posypte horní část čokoládové kůry špetkou vločkové mořské soli. To dodává lahodný kontrast ke sladkosti čokolády.
f) Vložte plech na pečení do chladničky nebo mrazničky, aby čokoládová kůra ztuhla. Bude to trvat asi 30 minut až 1 hodinu v lednici nebo asi 15-30 minut v mrazáku.
g) Jakmile je čokoládová kůra zcela ztuhlá a pevná, vyjměte ji z chladničky nebo mrazničky.
h) Rukama nebo nožem ho rozbijte na nepravidelné kousky nebo střepy.

98. Misky na squash Goji

SLOŽENÍ:
- 2 střední žalud tykve
- 4 lžičky kokosového oleje
- 1 lžíce javorového sirupu nebo hnědého cukru
- 1 lžička garam masala
- Jemná mořská sůl
- 2 šálky obyčejného řeckého jogurtu
- Granola
- Goji bobule
- Granátové jablko arils
- Nakrájené pekanové ořechy
- Opečená dýňová semínka
- Ořechové máslo
- Konopná semínka

INSTRUKCE:
a) Předehřejte troubu na 375 °F.
b) Dýni nakrájejte na polovinu od stopky dolů. Vydlabejte a vyhoďte semínka. Dužinu každé poloviny potřete olejem a javorovým sirupem a poté posypte garam masalou a špetkou mořské soli. Dýni položte na pečicí papír s okrajem řeznou stranou dolů. Pečte do měkka 35 až 40 minut.
c) Dýni otočte a mírně vychladněte.
d) Při podávání naplňte každou polovinu dýně jogurtem a granolou. Navrch dejte bobule goji, granátové jablko, pekanové ořechy a dýňová semínka, pokapejte ořechovým máslem a posypte konopnými semínky.

99. Miska jogurtu Superfood

SLOŽENÍ:
- 1 šálek řeckého jogurtu
- 1 lžička kakaového prášku
- ½ lžičky vanilky
- Semínka granátového jablka
- Konopná semínka
- Chia semínka
- Goji bobule
- Borůvky

INSTRUKCE:
a) Smíchejte všechny ingredience v misce.

100.na kiwi papáju

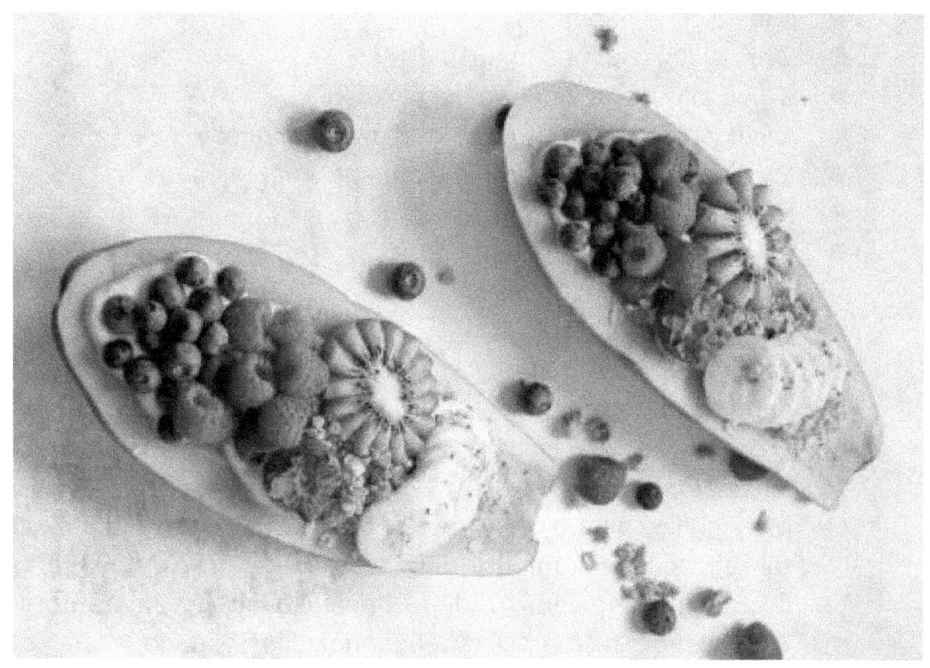

SLOŽENÍ:

- 4 polévkové lžíce amarantu, rozdělené
- 2 malé zralé papáji
- 2 hrnky kokosového jogurtu
- 2 kiwi, oloupaná a nakrájená na kostičky
- 1 velký růžový grapefruit, oloupaný a nakrájený
- 1 velký pupeční pomeranč, oloupaný a nakrájený
- Konopná semínka
- Černá sezamová semínka

INSTRUKCE:

a) Zahřívejte vysoký, široký kastrol na středně vysokou teplotu po dobu několika minut.
b) Zkontrolujte, zda je pánev dostatečně horká přidáním několika zrnek amarantu.
c) Měly by se chvět a prasknout během několika sekund. Pokud ne, zahřejte pánev o minutu déle a otestujte znovu. Když je pánev dostatečně rozpálená, přidejte 1 polévkovou lžíci amarantu.
d) Zrna by měla začít praskat během několika sekund.
e) Hrnec přikryjte a občas protřepejte, dokud všechna zrnka nevyprchají. Nasypaný amarant nasypte do misky a opakujte se zbývajícím amarantem po 1 lžíci.
f) Papáju rozřízněte podélně napůl, od stonku k ocasu, poté odstraňte a vyhoďte semínka. Každou polovinu naplňte vykapaným amarantem a kokosovým jogurtem.
g) Navrch dejte kiwi, grapefruit a kousky pomeranče a posypte konopnými semínky a sezamovými semínky.

ZÁVĚR

Když se loučíme s „NEJLEPŠÍ SEMENO KUCHAŘKA", děláme tak se srdcem plným vděčnosti za chutě, které jsme si vychutnali, vytvořené vzpomínky a kulinářská dobrodružství sdílená cestou. Prostřednictvím 100 receptů, které oslavovaly rozmanitost a všestrannost semínek, jsme prozkoumali neuvěřitelný potenciál těchto malých, ale mocných ingrediencí, a objevovali jsme nové chutě, textury a techniky.

ale naše cesta nekončí. Když se vracíme do našich kuchyní, vyzbrojeni nově nalezenou inspirací a oceněním semen, pokračujme v experimentování, inovaci a tvorbě. Ať už vaříme pro sebe, své blízké nebo hosty, ať nám recepty v této kuchařce slouží jako zdroj radosti a uspokojení po mnoho let.

A když si vychutnáváme každé lahodné sousto dobroty naplněné semínky, vzpomeňme na prosté potěšení z dobrého jídla, dobré společnosti a radosti z vaření. Děkujeme, že jste se k nám připojili na této voňavé cestě světem semínek. Kéž je vaše kuchyně vždy plná zdravých semínek a ať je každé jídlo, které vytvoříte, oslavou zdraví, chuti a kreativity.

www.ingramcontent.com/pod-product-compliance
Lightning Source LLC
Chambersburg PA
CBHW070348120526
44590CB00014B/1058